KB125375

지금 팔리는 것들의 비밀

일러두기 ─────
1. 본문에 나오는 MZ세대란 밀레니얼 세대와 Z세대를 아울러 이르는 말이다.
2. 세대별 구분에 대한 명확한 기준은 없으나 1980년대 초반에서 1990년대 중반에 출생한 세대를 밀레니얼 세대, 1990년대 중반에서 2000년대 중반에 출생한 세대를 Z세대로 분류한다.

지금 팔리는 것들의 비밀

새로운 소비 권력의 취향과 열광을 읽다

최명화 · 김보라 지음

WHY

THEY

BUY

리더스북

이 책을 먼저 읽어볼 기회를 얻은 건 천운이라 생각한다. 한 페이지 한 페이지 줄어드는 것이 아까울 정도로 소비자는 누구인지, 무엇에 매력을 느끼는지, 잘 팔리는 것을 만드는 결정적 차이는 무엇인지에 대해 아주 흥미롭게 서술하고 있다. 이 책을 다 읽고 나면 당장 실행하고 싶어지는 아이디어들로 심장이 마구 뛸 것이다. 지금 나처럼 말이다.

김선숙(이밥차 대표)

'어떻게 우리 제품과 서비스를 매력적으로 어필할까?' 이 책은 현장 마케터들의 고민에 대한 답으로, 성공할 수밖에 없던 마케팅 사례들이 MZ세대에 대한 인상적인 인사이트와 함께 생생하게 담겨 있다. 마케터로서 이 책의 시리즈가 매년 나오면 좋겠다는 생각과 함께, 다음에는 카카오 브랜드 캠페인도 성공 사례로 담기길 소망해본다. 지금 바로 우리 마케터들과 스터디를 시작할 예정이다.

류정혜(카카오페이지 CMO)

엔터테인먼트 업계에 종사하는 사람으로서 트렌드를 읽고, 이를 콘텐츠에 담아내는 것은 아주 중요하고 또 어려운 일이 아닐 수 없다. 마케팅을 하는 사람뿐만 아니라 콘텐츠를 기획하고 만드는 모든 사람들이 지금 당장 펼쳐봐야 할 책이다. 대한민국 문화와 소비의 중심에 있는 MZ세대의 취향과 니즈를 정확하게 짚어줄 뿐만 아니라, 이를 어떻게 '파는 것'으로 연결할지를 기가 막히게 제시해준다. 이 책의 마지막 장을 덮고 나면 누구든지 저자의 열성 팬이 될 것이다.

송지은(JYP 엔터테인먼트 재팬 대표이사)

지금 모든 마케터들의 책상 위에 놓여야 할 책이다! 근래에 접한 수많은 핫한 마케팅 케이스가 이 한 권에 담겨 있을 뿐 아니라 저자들이 제시하는 도구는 매일이 전쟁인 소비재 마케팅에서 고민하던 것들에 대해 명쾌한 확신을 주기에 충분하다. 요즘같이 답답하고 불확실한 시대에 신선한 자극과 깨달음을 준다.

윤미영(퍼페티 반 멜 아시아 퍼시픽 지사장)

'조금 더 일찍 이 책을 만났다면 창업을 하며 겪었던 시행착오를 줄일 수 있었을 텐데' 라는 아쉬움에 한 장도 가볍게 넘기지 못했다. 그만큼 이 책에 담긴 통찰과 사례들은 강력하고 묵직하다. 당신의 사업을 지금까지와는 전혀 다른 시각으로 바라보고, 새로운 가능성을 발견하고 싶다면 이 책을 꼭 정독하길 바란다.

이지수(다노 대표)

확신하지 못한 채 이리저리 시장에 밀려 시도했던 마케팅이 점검받는 느낌이다. 잘나가는 기업과 브랜드에는 역시 그럴 만한 이유가 있었다. 대한민국에서 현재 가장 영향력 있는 밀레니얼 세대와 Z세대가 이전 세대와 다르다는 것은 잘 알지만, 그래서 어떻게 접근해야 할지 모르던 이들에게 이 책은 확실하게 먹히는 솔루션을 준다.

장승윤(빙그레 미디어전략 팀장)

우리는 역사상 가장 까다롭고, 자의식이 강하며, 파괴적인 소통력을 가진 세대를 맞이하고 있다. 저자는 이들이 어디에 가치를 두고, 무엇을 즐기며, 어떤 기업에 표를 던지는지, 작은 눈길 하나까지 세밀하게 담아낸다. 이 책이 포착한 것은 MZ세대가 살아가고 있는 생생하고 정확한 현재이다. 이들을 이해하고 싶다면 지금 시급히 읽기를 권한다.

전지웅(마켓컬리 고객전략팀 리더)

아주 오랜 기간 마케팅을 고민하고 실행하고 있는 마케터입니다. 컨설턴트로, 대기업 마케팅 임원으로, 교수로, 사업가로 시장을 읽고, 제품을 출시하고, 서비스를 런칭하고, 국내외 시장에서 브랜드를 성장시키는 일을 해왔습니다. 마케팅은 하나의 기능이 아닌, 기업 자체의 '존폐 레버'라 믿고 있으며, CEO는 모든 역할에 앞서 강력한 '브랜드 앰버서더'가 되어야 한다는 강박을 갖고 있습니다. 오늘, 지금도 제 머릿속을 어지럽히는 많은 고민과 익숙한 듯 낯선 사투를 벌이며 저 자신의 브랜드를 성장시켜나가고 있습니다.

부족한 인사이트일지 모릅니다. 완벽하지 않은 프레임일 수 있습니다. 하지만 이 책이 같은 시간, 비슷한 어려움을 통과하는 많은 분께 지금의 마케팅에 대한 하나의 분명한 '각'을 드릴 수 있기를 희망해봅니다. '팔리는 것'들을 이해함으로써, '팔리게 하는' 내 브랜드만의 레시피를 찾는 과정에 조금의 '아하(A-Ha)'가 될 수 있기를 조심스럽게 기대합니다.

시장과 시대를 고민하는 모든 분을 응원합니다. 브랜드를 지켜내야 하는 모든 분과 함께하고자 합니다. 결코 쉽지 않은 어젠다지만, 즐겁게 새로운 시도와 방법에 대해 많은 이야기를 해보고 싶습니다.

Invitation from 최명화 Ph.D.

"이게 왜 안 팔려?"

"저게 왜 팔려?"

지난 4년간 소비재 시장의 리더들에게 가장 많이 들은 이야기입니다. 엉뚱하고 기괴한 상품은 없어서 못 팔고, 공들여 내놓은 제품은 안타깝게 외면받는 날들의 연속. 그들의 고민을 가까이에서 지켜보면서 벌어지고 있는 일들의 '본질'이 궁금했습니다. 언제나 '왜'라는 질문을 던져야 하는 직업인으로서 시간이 좀 지나서야 알 것 같더군요.

말 한마디에도 진정성을 갖고 감동을 주고자 하는 기업, 조금 부족해도 나와 함께 성장해갈 수 있는 브랜드에 지금 소비자들은 열광하고 있었습니다. 이 말이 단순하고 쉬워 보인다고요? 아니면 너무 막연하다고요? 이 책에는 단순하지만 결코 쉽지 않고, 그러나 꽤 구체적인 '요즘 먹히는 마케팅'이 녹아 있습니다. 밀레니얼 세대와 Z세대에 대한 분석이 몇 년째 쏟아지고 있지만, 소비자로서 이들을 재조명했습니다. 지금도 어디선가 세상을 뒤집을 마케팅을 고민하고 있을 이들에게 이 책을 바칩니다.

Invitation from 김보라

도대체 어떻게 팔아야 할까?

마케터에게 변화는 '상수'다. 경쟁은 늘 치열하고, 타깃의 욕구는 실시간으로 움직이며, 미디어는 갈수록 복잡해진다. 오늘날의 마케팅은 과거 어느 때보다 어렵다. 혼돈 그 자체다. 우리 브랜드에 사람들을 초대하고 설득하는 단순한 어려움이나 복잡함을 말하는 게 아니다. 전통적 믿음이 흔들리는 혼돈, 기존의 접근이 소용없어지는 혼돈, 예측이 번번이 빗나가버리는 혼돈, '무엇이 부족하다'는 결핍에 따른 것이 아니라 '아무것도 모르겠다'는 생각에서 비롯되는 어쩌면 절망에 가까운 혼돈이다.

과거 소비자들은 행동 패턴이 비슷했다. '구매의 여정'이라는 게 존재했다. 무언가를 인지하고, 그것의 장점을 고민한 다음 구매하는 과정까지가 명확했다. 인지에서 구매까지 소비자들은 아래로 좁아지는 깔때기 안에 갇혀 있었다. 그래서 한번 제품을 알리고 나면 팔리는 데까지 그리 오래 걸리거나 복잡하지 않았다. 지금은 어떨까. 유튜브 조회수가 1만이 나온 광고라 하더라도 100회의 구매로 이어지리라는 법이 없다. 반대로 500명이 본 페이스북 광고로 200회의 구매가 일어날 수 있다.

2020년의 시간은 팔려는 자들에게 더 잔인하게 흐르고 있다. 코로나19는 짧은 시간 우리의 모든 사고와 행동을 바꿔놓았다. 언택트가 그 변화의 중심에 있다. 격리당한 미래 앞에 사람들의 관심사는 누구도 예측 못하는 방향으로 흘러가고 있다. 소비의 룰도 달라졌다. 모든 것이 달라지고 차단된 지금, 어디서부터 시작해야 할지 모르겠다는 기업이 많다.

하지만 마케터들에겐 어쩌면 지금이 기회다. 새로운 소비 권력인 밀레니얼 세대와 Z세대(MZ세대)가 든든하게 기다리고 있기 때문이다. MZ세대는 인구의 44퍼센트를 차지한다. 몇 년 사이 소비 시장을 완전히 뒤집어놓은 세대다. 이들은 코로나19로 언택트가 보편화되기 훨씬 전부터 온라인 커머스 시장을 주도했다. 마켓컬리, 무신사, 배달의민족, 야놀자 등 무섭게 성장한 스타트업들은 MZ세대가 키웠다. 진정성과 재미, 세상에 없던 편리함 등 새로운 가치를 내세워 시장을 장악했다. 코로나19로 MZ세대의 소비 패턴이 전 연령대에 걸쳐 '뉴노멀'이 된다고 가정해보자. 새로운 모멘텀이 왔다는 뜻이다.

이러한 MZ세대는 고양이를 닮았다. 면밀히 관찰하고, 느슨

하고 다양한 관계를 만들며 혼자 있는 시간을 즐긴다. 쉽게 마음을 주지 않지만 한번 마음을 열면 강한 애착을 보인다. 그 후에는 기꺼이 상품과 브랜드에 자신의 일부를 투영하기도 한다. 기업이 목청 높여 아무리 떠들어봐야 쉽게 믿어주지 않는 건 MZ세대가 (집단과 단체 안에서 아늑함을 느끼던 이전 세대인) 개와 다르기 때문이다. 이들을 가르치려 들면 안 된다. 서서히 끈질기게 유혹해야만 한다.

코로나19는 고양이 세대인 MZ세대의 특징을 전 연령대로 확산시켰다. 술 마시고, 운동하고, 영화 보고, 공부하는 것 등 모든 일상이 집안으로 들어왔다. 처음 마켓컬리를 주문하기 시작한 60대는 샛별배송을 받고 기뻐한다. 자신만의 라이프 스타일에 적극적으로 투자하는 '그래니 시크(세련된 할머니)'들은 새로운 버전의 욜로족으로 급부상하고 있다. 그 옆에는 트로트 가수 원픽에 덕질을 멈추지 않는, 단종된 할매 입맛 과자도 부활시키는 Z세대 손자가 앉아 있다.

이 책은 거대한 혼란 속에서 맥락을 찾고자 했다. 그러기 위해선 지금 벌어지고 있는 전쟁을 이해하는 게 먼저였다. 내일 당장 내가 바꾸고 시도할 수 있는 마케팅 도구가 무엇인지, 단기적인 작은 노력에서 장기적인 전략 방향까지 고민했다. 허둥대며 쫓기듯 손만 더듬고 있는 마케터, 밤잠 설치며 새로운 모멘텀을 모색하는 모든 CEO에게 오늘, 지금 벌어지는 전쟁에서 이길 구체적인 방법HOW TO을 보여주고자 했다. 혼란스럽지만 결코 출구가 없는 시장은 아니라고 말하고 싶었다. MZ세대가 열광하는 기업들, MZ세대를 집요하게 유혹해 성공 방정식을 쓰고 있는 기업들을 분석했다. 이 책은 지금 통하는 마케팅에 대한 스냅샷이며 내일 올 세상에 대한 청사진이기도 하다.

미래 시장을 이끌 '바람직한 몬스터'라고 불리는 MZ세대의 7대 욕구는 이렇다.

○ **"부족 사회가 다시 오고 있어"**

부족 사회가 다시 오고 있다. 끼리끼리 문화는 더 강화된다. 기존의 사회적, 경제적 계급이 아니다. 문화, 취향, 감성을 기준으로 나뉜 공동체로 더 큰 연대감을 갖게 한다. 비즈니스의 종류와 상관없이 커뮤니티를 활성화하는 것은 필수 생존 조건이 되고 있다. CEO의 직함 옆에 'Head of Community' 타이틀이 추가되고 있는 시대다. 작고 강한 핵심 집단이 똘똘 뭉쳐 전체를 움직이는 시대다.

○ **"시공간의 구분은 의미 없어"**

시간과 공간의 구분도 없다. 디지털은 시간과 공간의 제약을 거둬갔다. 모호한 시공간에 모두가 머물고 있다. 옛날 것이 다시 수면 위로 떠오르며 브랜드의 환생이 가능하기도 하다. 할아버지가 수십 년 전 열광하던 브랜드가 손주들의 '인싸템'으로 등극하기도 한다.

○ **"우리가 알아서 좋아해줄게"**

MZ세대는 브랜드가 과시하는 내용에는 전혀 관심이 없다. 대형 미디어에 대한 외면도 가속화된다. 구매자 리뷰가 선택 기준이 되고, 경험자의 한마디를 찾아 디지털 노마드가 되기도 한다. 유튜버의 추천으로 이뤄지는 완판 행진도 계속될 것이다. 이들은 어설프게 나서서 떠들지 말라고 한다. 그럴 만한 자격이 된다면 우리가 알아서 띄워주겠다고 말한다. 죽어가는 브랜드를 살리기도 하고, 혼신을 다하고 있는 브랜드를 개점휴업 상태에 밀어 넣기도 한다. 아무리 떠들어도 거들떠보지 않다가, 어느 순간 다시 화려한 무대 위에 세워주는 존재가 이들이다. 그렇게 소비자 우위의 시장 계급화는 더 뚜렷하고 빠르게 이뤄질 것이다.

○ **"하나의 모습은 지루해. 변신 좀 해줄래"**

멀티 페르소나의 시대다. 이를 부캐(부가 캐릭터)라고도 부른다. 일관적이고 신뢰를 주는 하나의 모습 뒤에 헐겁고 부족해 보이는 인간적인 모습이 늘 함께할 것을 기대한다. 브랜드가 사회생활을 잘하려면 부캐가 매력적이어야 한다. 솔직하고 자연스러운 모습을 통해 비로소 온전하다고 믿는다. 스마트폰과 함께 성장해온 MZ세대에게 이 세상은 코딩으로 이뤄진 곳이다. 언제든지 변신과 재조립이 가능하며, 각각이 다른 것들로 넘쳐나는 수평적인 공간이다. 그들의 세상은 재미있는 거대한 디지털 게임 공간과 같다.

○ **"새로운 구매 경험, 그 자체가 소비야"**

1인 셀러, 인플루언서 중심으로 형성되어 있던 소비 세포 마켓이 코로나19를 거치면서 라이브 커머스로 불이 붙었다. 경험 중심의 소비가 온라인으로 이동했다. 영상 쇼핑의 메카 홈쇼핑을 능가하는 규모다. 재미있고, 규제가 덜하며, 양방향 소통이 가능한 이 새로운 구매 경험에 대기업, 중견기업, 향토기업 등 모두가 뛰어들어 한판 전쟁을 벌이고 있다.

○ **"나의 습관으로 만들어줘"**

MZ세대는 좋아하는 것을 찾으면 집착하고 옹호한다. 적극적으로 목소리도 낸다. 최고의 브랜드 경험은 소비자의 라이프 스타일에 자연스럽게 스며들어 한데 섞이는 것이다. 특별한 날, 특별한 소비가 아니다. 큰맘 먹고 하는 소비도 아니다. 어떻게 하면 그들의 일상 속 일부가 되게 할 수 있을까? 공유하고, 구독하고, 일상의 한 부분에서 우리 브랜드를 소비하게 하는 것이 답이다.

○ **"개념 있는 사람으로 보이고 싶어"**

요즘 세대는 브랜드에서 개념을 찾고 있다. 대부분은 '나의 삶과 직접적 연관이 있는' 한정적 의미의 개념이다. 환경, 위생, 안전에 대한 기준이 점점 높아지고, 건강하고 균형 잡힌 삶에 대한 욕구는 한층 선명해졌다. 브랜드 소비를 통해 내가 가진 가치를 드러내고 싶어 한다. 이를 통해 더 나은 세상을 위해 나도 무언가 하고 있다는 자기만족을 추구한다.

1장에서는 지금 팔리는 것과 팔리지 않는 것의 사례를 분석한다. 말 한마디 잘못했다가 매출 급락의 위기를 겪은 브랜드, 우스꽝스러운 B급 유머로 단숨에 화제가 된 신제품, 유튜브를 통해 성공한 브랜드의 이야기 등을 담았다. 이어 새로운 소비 권력인 MZ세대가 다른 세대와 어떻게 다른지 살펴봤다. 인문학적, 사회적 관찰과 함께 그들의 근본 욕구에 초점을 맞추고 있는 것이 2장이다. 3장은 이러한 MZ세대를 유혹하는 10가지 전략을 제시한다. 그들의 장난감, 그들을 제대로 유혹하기 위해 활용해야 할 10가지 재료다. 4장은 '잘나가는 것을 만드는 결정적 차이'를 마케팅 전통 밸류 체인 단계별로 소개한다. 다노, 윌라, 당근마켓, 보맵 등이 집요한 인사이트로 새로운 가치를 창출한 사례를 소개한다. 구찌는 브랜드 리포지셔닝을 통한 가치 확대 사례로, 젠틀몬스터와 블랭크 등은 남다른 커뮤니케이션 스킬로 시장을 뒤집은 기업으로 등장한다. 팬덤을 만들어 새로운 마케팅의 룰을 만든 기업으로 마켓컬리, 러블리마켓 등을 분석했다. 마지막으로 5장에서는 MZ세대의 니즈와 특징을 바탕으로 팔리는 구조를 만드는 10가지 레시피를 제시한다.

5천만 미디어의 시대다. 개인이 다 미디어고 브랜드가 됐다. '판다'는 것은 지금 세상을 통과하고 있는 우리 모두의 고민이다. 이 책은 단지 제품을 만들어 파는 기업인과 마케터를 위한 것만은 아니다. '나'라는 브랜드로 소통하려는 모든 개인, 내 가치를 더 끌어올리고 알리고 싶은 모든 이에게 작지만 강한 인사이트가 되기를 바란다.

| 차 례 |

1장 / 팔리지 않는 시대에 팔리는 것들

2장 / 새로운 소비 권력이 온다

3장 / MZ세대가 열광하는 10가지 도구

4장 / 잘나가는 것을 만드는 결정적 차이

팔리지 않는 시대에
팔리는 것들

국내 굴지의 화장품 회사에서 마케터로 근무한 지 17년차인 나는 마케팅 본부장이 되고 처음으로 출시하는 신제품에 모든 걸 걸었다. 신제품 런칭에 무려 9개월이라는 시간을 투자했다. 소비자 포커스 그룹 인터뷰부터 많은 공을 들였고, 광고는 국내 최고의 광고대행사와 진행했다. SNS 광고 전략도 꼼꼼하게 준비하고, TV, 라디오, 주요 언론 매스미디어에서 선보이는 광고에는 가장 잘나가는 톱모델을 기용했다. 좀 까다롭긴 하지만 실력으로는 의심할 여지 없는 광고 디자이너도 섭외했다. 우리 회사가 지난 5년간 단일 제품에 투입한 마케팅 예산 가운데 최고기록도 세웠다. 대표와 임원들이 모인 제품 출시 전 최종 발표회 반응도 뜨거웠고, 사내 평가에서도 난리가 났다. 들썩이는 분위기에 이미 기분은 대박을 쳤다. 그렇게 출시 성공 소식만을 기다렸다.

그로부터 2주 후, 광고를 돌릴 만큼 돌렸다. SNS 바이럴이 조금 부족한가 싶어 추가 비용도 투입했다. 그런데 어찌된 일인지 반응이 뜨뜻미지근했다. 팀원들이 슬슬 내 눈치를 보기 시작했다. 다들 목소리 톤이 세 단계는 내려간 듯하다. 매일 올라오는 실적 보고에 나는 눈을 의심했다. 온라인과 오프라인 판매 매출이 모두 바닥. 게다가 광고에 들어간 문구 하나 때문에 각종 커뮤니티에서 부정적인 댓글이 올라왔다. 다음 날부터 매주 열리는 실적 보고는 생각만 해도 머리가 아팠다. 수억 원의 예산을 들이고, 1여 년간 준비해온 시간과 노력이 송두리째 사라진 느낌이다.

복잡한 마음으로 집에 들어오니 오랜만에 딸이 보였다. 매일 야근하느라 제대로 얼굴을 본 게 언제던가. 중학교 2학년이 된 딸은 아빠 마음을 아는지 모르는지 도착한 택배 상자를 뜯느라 정신이 없었다. 듣지도 보지도 못한 브랜드의 화장품이 쏟아졌다. 벌써 네 통째 바르고 있으며, 친구들에게도 추천해 이번에는 공동구매를 했단다.

"도대체 뭘 보고 이걸 샀냐?"라고 물으니 인스타그램을 보여 줬다. 평범한 대학생 몇 명이 100만 원도 안 되는 비용으로 만들었을 법한 30초짜리 영상. 그걸 보고 샀다고 한다. 조금 더 물어

봤지만 별다른 대답은 못 얻었다. 딸은 그저 "쿨하잖아. 인스타그램에서 팔로우하는 언니가 좋다고 했어"라고 말했다.

순간 머리가 띵해져 그 자리에 주저앉았다.

'나 제대로 팔고 있는 걸까?'

사흘 만에 중단된
최악의 광고

───────── 혼돈이다. 최근 마케팅 시장을 살펴보면 막대한 비용을 투자하고, 실력 있는 광고대행사와 협업하고, 심지어 제품의 성능이 탁월해도 소비자들에게 외면받는 일이 벌어지는가 하면, 생각지도 못한 마케팅 방식이 성공한다.

잘못된 한 편의 광고는 기업을 나락으로 끌고 갈 수도 있다. 사회적, 역사적 흐름을 이해하지 못한 마케팅이 얼마만큼 위험한지 사례를 통해 살펴보자. 2019년 유니클로의 한 영상 광고에서는 90대인 패션 컬렉터와 10대 패션 디자이너가 팔짱을 낀 채 다정하게 이야기를 나누는 장면이 나온다.

할머니가 내 나이 땐 어떻게 입었어요?

How did you used to dress when you were in my age?

맙소사! 그렇게 오래전 일은 기억이 안 나.

Oh My God! I can't remember that far back.

1분 남짓의 이 광고는 유니클로가 '후리스' 제품을 출시한 지 25주년을 맞아 전 세계에 공통으로 내놓은 것이다. 하지만 국내에서는 광고를 올린 지 사흘 만에 내려야 했다. 유니클로 한국 법인이 영어로 제작된 이 광고에 한국어 자막을 붙이는 과정에서 할머니의 대사를 다음과 같이 바꿨기 때문이다.

맙소사! 80년도 더 된 일을 기억하냐고?

광고는 순식간에 논란이 됐다. '80년'이라는 표현이 일본군 위안부 할머니들을 비하하려는 의도라는 해석이 따라붙었다. 2019년은 1939년 일본군의 강제총동원령이 내려진 지 정확히 80년이 된 해다. 대한민국 국민이라면 80년이라는 기간에 예민할 수밖에 없어 국내 광고 전문가들에게 '올해의 금기어'로 각인된 단어였다.

비난이 거세지자 유니클로는 다른 의도는 없고 패션 컬렉터 아이리스 아펠과 패션 디자이너 케리스 로저스의 실제 나이 차가 80세가 넘기 때문에 이를 직관적으로 표현하고자 한 것이라고 설명했다.

유니클로는 사과문이 아닌 입장문을 냈고, 공감보다는 과정의 정당성을 설명하는 태도로 일관했다. 또한 유니클로 한국법인 관계자는 "왜 논란이 되는지 도저히 이해할 수 없다"며 "그런 생각(위안부 비하 의도)을 하는 것이 정말 대단하다"는 어조로 말하기도 했다. 이 한마디가 그대로 방송을 탔다. 불을 꺼야 할 시기에 기름을 부은 격이었다.

이러한 유니클로의 태도에 국내 소비자들의 불쾌감은 더 올라갔고, 마침 일본 제품 불매운동이 한창인 때라 유니클로는 직격탄을 맞았다. 사흘이 지난 후에야 부랴부랴 광고를 내리기로 결정하고, 공식 사과문을 통해 "많은 분이 불편함을 느낀 부분을 무겁게 받아들여 즉각 해당 광고를 중단한다"라고 밝혔다.

하지만 때는 늦었다. 잘나가던 유니클로는 지난해 줄줄이 주요 상권에 있던 매장의 문을 닫았다. 2005년 서울에 첫 매장을 내며 승승장구하던 유니클로는 일본산 불매운동과 코로나19 확산, 그리고 이 네거티브 광고 여파로 올 8월에만 9개의 매장을 폐점했다. 187개의 매장 가운데 1년간 닫은 매장이 22개이다.

'적당히 그러는 척'에
대하여

_____ 2018년, 맥도날드는 자신들의 '골든 아치' 로고

M을 뒤집어 W를 보여줬다. 세계 여성의 날을 맞이하여 여성 인권에 앞장서고 있는 자신들의 모습을 상징하기 위한 것이었다. 맥도날드는 미국 내 매장 10곳 중 6곳의 매니저가 여성임을 내세우며, 여성 친화적인 기업의 모습을 강조했다. 하지만 이 캠페인은 곧 심한 역풍을 맞게 된다.

시민 활동가들을 중심으로 그동안 맥도날드가 보여준 반여성적 활동에 대한 폭로가 이어졌다. 지속적으로 최저임금 인상에 반대해온 이력이 특히 도마에 올랐다. 구조적으로 남성에 비해 여성의 평균 임금이 낮았으며, 최저임금은 노동계층, 특히 여성들에게 영향을 주고 있었기 때문이다. '비즈니스 인사이더'는 이 캠페인을 평가해 기업이 사회적 정의를 마케팅 도구로 활용하려다 실패한 대표적 사례로 꼽기도 했다.

'차별적 시선'이
느껴지면

─────────── 앞서 소개한 유니클로 광고 이전에도 무개념 광고로 여론의 뭇매를 맞은 마케팅은 많았다. 이러한 마케팅은 유튜브와 각종 커뮤니티에서 '절대 하지 말아야 할 광고 레전드'라는 타이틀로 돌아다닌다. 농담이나 실수였다고 하기에는 내용이 너무 노골적이라 그야말로 '빼박(빼도 박도 못하는)'인 광고

들이다. 이 광고들의 공통점은 여성을 남성에게 모든 걸 의존하는 존재로 여긴다는 것이다. MZ세대의 비난으로 사과문을 내야 했던 광고들을 잠시 살펴보자.

2015년 10월 KFC 광고는 남녀 사이에 흔히 벌어지는 대화라는 전제 아래 무리하게 이야기를 전개했다.

여: 자기야, 나 기분 전환 겸 백 하나만 사줘.
남: (타들어가는 숯불 위로) 음, 그럼 내 기분은?

여: 오빠, 적립은 내 걸로 해줘.
남: (더 커진 불꽃을 배경으로) 그럼⋯ 계산도 네가.

여: 오빠가 뭘 잘못했는지 알아?
남: (활활 타오르는 불꽃을 배경으로) 너를 만난 거?

화가 날 땐 KFC의 숯불에 구운 버거를 먹으라는 내용의 광고이다. 기본적으로 여성은 가방이나 사달라고 조르고, 남성을 이용하려는 존재라는 발상에서 나온 광고이다. 이 광고가 나오고 비난이 거세지자 KFC는 5일 만에 사과문을 내고 광고도 내려야 했다.

롯데주류의 '처음처럼' 광고 캠페인도 논란이 있었다. 푸른

숲을 배경으로 한 포스터에 이렇게 쓰여 있다.

술과 여자친구의 공통점, 오랜 시간 함께할수록 지갑이 빈다.

비슷한 시기에 보건복지부 홍보 포스터에 등장한 문구도 논란이 됐다.

다 맡기더라도 피임까지 맡기진 마세요. 피임은 셀프입니다.

이 문구와 함께 포스터에는 남녀 사진이 나오는데, 쇼핑을 마치고 어디론가 향하는 모습에서 여자는 남자와 팔짱을 끼고 있고, 남자는 여자의 가방과 쇼핑백을 잔뜩 들고 있다. 고개를 살짝 돌려 환히 웃는 여성과 축 처진 어깨로 고개를 숙인 남자가 대비되는 모습이다. 이 포스터는 여성을 이기적인 모습으로 표현하고 피임이 마치 여성만의 책임인 양 보인다는 이유로 누리꾼들의 큰 질타를 받았다.

과거 이런 일들은 불편해도 크게 문제 삼지 않고 넘어가버리곤 했다. 하지만 지금은 그렇지 않다. 특히 젠더 감수성, 역사 왜곡, 약자 비하 등은 절대 용서받기 어렵다. 뒤늦게 사과를 하더라도 변명으로 치부되는 경우가 많다.

반면에 선을 넘는 것들이 성공하는 경우도 있다. 그 선이라는

게 참 애매하다. 잘 넘으면 B급 코드이고, 애매하게 넘어가면 욕
만 먹는다. 대표적인 사례 두 가지를 살펴보자. 만약 이 사례가
어이없게 느껴진다면 MZ세대의 지갑을 여는 데에 많은 어려움
이 있을 것이다.

광고주를
화나게 하는 노래?

_____ '본격 LG 빡치게 하는 노래(불토에 일 시킨 대가
다)'라는 타이틀을 단 영상이 온라인 커뮤니티를 뜨겁게 달군
적이 있다. 광고 영상인지 고발 영상인지 정체가 불분명한 이
영상의 내용은 이렇다.

토요일에 친구랑 클럽에 가려고 하는데 급하게 세제 광고가
필요하다고, 컨펌은 필요 없으니까 광고를 빨리 만들어달라는
연락을 받는다. 이에 제작자는 열 받아서 이 광고를 만들었다
고 설명한다.

아니 씨× 일을 무슨 불토에 시키냐고! 나는 완전 돈만 주면 되는
줄 아나 본데. 맞아요. 맞습니다. 정확히 찾아오셨네요. 누추한데
오시느라 수고 많으셨습니다.

이어서 회사 욕도 등장한다.

LG생활건강 마케팅부서는 ㅈ됐따리. 적어도 컨펌만은 한다고 했
어야 했따리. (중략) 누구든 불토에 지혜를 건들면 아주 ㅈ되는
거야.

이 영상에는 반전이 있다. 영상이 시작되고 1분여 만에 등장
해 20초간 나오는 게 진짜 광고 장면이다.

후렴구가 나왔는데 슬슬 광고를 시작해볼까. 아니 광고주 똥줄
더 태워야 돼. 난 불토를 잃었으니까! …… 딱 한 장만 넣으면 된
다. 엄청난 세척력, 100퍼센트 녹아 남지 않는다. 얼음물에도 겁
나 잘 녹아요! 편하고 가볍다! 보관도 깔끔하다! 피지는 빨래세
제의 혁명이야. 피지만의 탁월한 세척력으로 섬유 속 피지를 말
끔하게 해결하세요!

웹툰과 어설픈 랩, 노래가 뒤섞인 이 영상을 보고 반응은 딱
둘로 갈린다.
"미쳤나봐. 고발 영상이 잘못 유출된 줄 알아."
또는 "뭘 좀 아는 애가 만들었네?"
LG생활건강의 세탁세제 '피지'의 광고가 겨냥한 대상은 주

| '본격 LG 빡치게 하는 노래' 영상 광고의 시작 화면이다. |

출처: 페이스북 '반도의 흔한 애견샵 알바생' 페이지

부가 아니다. 그들의 타깃층은 2030세대 1인 가구이다. 예상은
적중했고, 2030세대는 광고가 제작되기까지 과정이 담긴 이 B급
동영상에 열광했다. 광고는 업로드되고 2주 만에 페이스북 70만
회, 유튜브 128만 회의 조회수를 넘으며 큰 화제를 낳았다. 설
마 광고 영상은 아닐 것 같은 의심으로 계속 보게 되는 것이다.

이 광고의 제작자는 '반도의 흔한 애견샵 알바생' 닉네임을
쓰는 1인 크리에이터 허지혜 씨다. 자신이 직접 기획하고 출연,
제작한 영상들로 SNS에서 큰 인기를 얻은 크리에이터로 "지구
최강을 넘어 은하계 최강 병맛 동영상을 만들고 싶다"라는 그

가 제작한 영상 가운데는 100만 뷰 이상이 여러 편이다.

빙그레 왕국의
왕자

——————— 창립 50주년이 넘은 빙그레는 순정만화 속 왕자 캐릭터 '빙그레우스 더 마시스'로 2020년 상반기 최고 화제를 모으고 있다. 빙그레우스 더 마시스는 인스타그램에 등장한 캐릭터로 '빙그레 왕국'의 후계자이자 빙그레의 모든 상품을 몸에 두른 왕자다. '바나나맛우유' 왕관을 쓰고, '꽃게랑'과 '메로나'로 만든 창을 들고, 한 손엔 '투게더'를 쥐고 있다. 어깨에 두른 휘장에는 '엑설런트'가, 가슴에 달린 배지에는 '빙그레'와 '요플레' 로고가 달려 있다. 바지는 '끌레도르'와 '빵또아'로 만들었다.

빙그레 인스타그램에 어버이날 기념으로 올라온 게시물에는 감사한 마음을 담아 가장 맛있는 부분만 모았다는 선물세트가 등장한다. 이 선물세트에는 내용물이 묻어 있는 '요플레' 뚜껑, 아이스크림 '뽕따'의 맨 위 꽁지, '슈퍼콘' 아이스크림의 끝부분이 담겨 있다. 그리고 이어지는 두 번째 장면에서는 빙그레우스 더 마시스가 머리를 박고 엎드려뻗친 자세로 벌을 받고 있다.

2020년 2월에 등장한 빙그레우스 더 마시스는 '병맛', 'B급 코드'의 허당미를 자랑하며 순식간에 팬을 끌어모았다. 빙그레

빙그레 인스타그램에 올라온 어버이날
맞이 선물세트

우스 더 마시스의 성공으로 각종 제품을 의인화한 부가 캐릭터
도 탄생했다. 메로나를 의인화한 '옹떼 메로나 브루쟝', 투게더
를 의인화한 '투게더리고리경' 등이다.

캐릭터가 많아지면서 7월에는 세 편에 걸친 인스타툰* 〈빙그
레나라와 더위마왕의 전쟁〉의 연재가 시작됐다. 이 만화에서 비

비빅군은 드라이아이스를 캐던 호미로, 투게더리고리경은 꽝꽝 얼린 숟가락으로, 끌레도르는 고드름처럼 날카로운 열쇠로 열심히 싸우는 장면이 펼쳐진다. 가상의 빙그레 왕국 속 세계관이 점점 더 확장해나가면서 빙그레는 현재 식품회사 인스타그램 계정 가운데 가장 많은 팔로워를 거느리게 됐다. 이러한 빙그레는 유명 제품별로 부가 캐릭터를 만들어 1020세대와의 완벽한 소통에 성공했다고 평가받고 있다.

화장품을 부수는데
'힐링'이 된다?

──────────── 아모레퍼시픽은 '뷰티포인트'라는 유튜브 채널을 운영하고 있다. 이 채널에서 가장 인기 있는 콘텐츠는 '힐링 타임즈'로, ASMR과 화장품 부수기를 결합해 재미를 자극하는 영상이다.

이 시리즈 영상으로는 '화장품 한번에 다 써버리기!', '립메이크업 제품 부수기' 등이 있다. 영상을 보면 튜브에 담긴 기초화장품 한 통을 쭉 짜서 없애버리고, 립스틱을 한데 모아 녹여버리고, 수분크림을 푹푹 떠서 던져버린다. 칼로 메이크업 제품을

● 인스타그램에 연재하는 만화이다.

잘라내거나, 종이에 립스틱을 쭉쭉 펴바르기도 하고, 멀쩡한 색
조화장품을 가루로 만들어버리기도 한다. 포크로 아이섀도를
긁어내는가 하면 폼클렌징으로 거품을 내 음료에 쌓아올리기
도 한다.

　이 영상들에서 중요하게 생각하는 건 귀르가즘*으로 별도의
설명이나 배경 음악 없이 ASMR만 극대화한다.

　뷰티포인트 채널에는 현재까지 14개의 영상이 올라와 있지만
구독자 수는 56만 명을 넘었다. 영상 한 편당 댓글은 1만 개에

● ‘귀’와 ‘오르가즘’을 합성한 신조어로, 좋은 소리로 인해 귀로 느끼는 희열을 말한다.

이르고, 해외 구독자 비율이 절반을 넘어섰다. 아모레퍼시픽 제품을 직접적으로 광고하는 영상은 배제하고, 단지 부수고 뭉개는 장면들만 보여주고 얻은 결과다.

아모레퍼시픽은 뷰티포인트 채널을 지난 2018년 11월 개설했다. 유튜브에서 여러 콘텐츠 실험을 이어가던 중 뷰티포인트의 성장 가능성을 확인했고, 집중적으로 키우기 위해 사내 벤처 팀인 'NGI 디비전 린 스타트업 8팀'을 신설해 맡겼다. 린 스타트업 8팀은 "화장품을 직접 발라보지 않고 영상만으로 질감을 느낄 수 있을까?"라는 질문에서 출발했다. MZ세대는 이 영상을 "심미적 즐거움을 극대화한 것"으로 평가한다. 제품의 장점을 과장되게 극대화한 것보다는 화장품을 부수는 역발상이 새로운 쾌감으로 다가갔다는 이야기다.

지금 팔리는 것들의
전략

——————— 마케팅은 1960년대부터 지금까지 체계적으로 진화해왔다.

1960년대에는 마케팅 분야에서 최초로 '전략'이라는 단어를 쓰기 시작했다. GE의 전략 경영이 시작이었다. 1970~1980년대에는 STP 개념이 등장했다. 시장을 하나로 볼 것이 아니라 동질적 집단으로 나누어 봐야 하고Segmentation, 핵심적으로 집중해야 할 집단을 선택하고Targeting, 그들이 동감할 가치로 내 브랜드를 인지시켜Positioning, 이들을 실제 구매의 영역으로 끌어들여야 한다는 개념이었다.

1990년대는 어땠는가. 브랜드 자산에 대한 인식이 생겼다. 매출이나 영업의 규모로 설명할 수 없는 브랜드가 갖는 고유의 가치라는 개념이 등장했다. 대중매체가 가진 힘과 브랜드가 만나 거대한 파급력을 가질 수 있던 마케팅의 황금기였다.

2000년대에는 인터넷이 등장하면서 미디어가 많아져 소수의 지배적 영향력에서 벗어났다. 여러 개의 미디어를 통일해 관리하는 이른바 IMCIntergrated Marketing Communication(통합 마케팅 커뮤니케이션)가 중심이었다.

2010년 들어서는 모든 소비자가 미디어가 됐다. 미디어를 통해 일방적으로 메시지를 밀어내고 강요하는 마케팅이 아닌, 소비자로 하여금 우리 브랜드를 자연스럽게 떠들게 하는 방식이 각광받는 시대가 됐다.

지금은 디지털라이제이션, 무한대로 늘어나는 미디어, 소비자 개개인의 미디어화가 빠르게 진행 중이다. 또한 신종 코로나바이러스 감염증(코로나19) 확산이라는 전 지구적 위기를 맞아 언택트(비대면)가 일상이 됐다. 이 모든 변화에 마케터들은 어떻게 대응해야 할까?

현재 소비재 시장에서 일어나는 일들을 들여다보자. 급격한 변화 가운데서도 왜 어떤 것은 인기 브랜드가 되고, 어떤 브랜드는 소비자의 외면을 받을까? 왜 홍보해야 할 제품의 제조사를 비꼬는 광고가 화제가 되고, 팔아야 할 제품을 때려 부수는 영상이 인기를 얻는 걸까?

이를 이해하기 위해서는 변화된 시장 환경과 더불어 새로운 소비 세대의 성향과 심리를 알아야 한다. 복잡하고 황당해 보이는 이들의 소비에도 분명한 패턴이 존재한다.

2장

새로운 소비 권력이
온다

캣 컨슈머의
——— 시대 ———

과거의 마케팅 공식은 단순했다. 최고, 최초, 최대 가운데 하나를 잡고 미디어 광고에 돈을 쏟으면 소비자들에게 먹혔다. "이 제품을 사면 너의 삶이 달라져, 더 멋진 너를 만들어줄게"가 대부분의 광고 메시지였다. 하지만 오늘날 시장에 가장 큰 영향을 미치고 있는 밀레니얼 세대와 Z세대에게는 그 공식이 먹히지 않는다.

그럼에도 불구하고 많은 기업이 여전히 경쟁적으로 과거의 방식으로 마케팅을 펼치고 있다. 몇 년간 대부분의 소비재 회사들이 '밀레니얼 세대를 위한', 'Z세대의 코드에 맞춘' 식의 테마로 마케팅을 펼쳐왔다. 그런데 이런 표현이야말로 MZ세대가 질색하는 표현이다. 누군가 나의 세대를 잘라내 구분 지은 다음,

내가 좋아할 만한 것들을 분석하고 준비해줬다고 말하는 순간, MZ세대의 마음은 멀리멀리 떠난다.

역사상 가장 규모가 크고 영향력 있는 소비 세대로 일컬어지는 MZ세대, 이들은 어떤 존재일까? 마케팅 관점에서 우리는 이들을 무엇이라고 부르며 어떻게 접근해야 할까?

고양이를 닮은
소비 세대

──────── 일본의 동물생태학자 야마네 아키히로 교수는 저서 『고양이 생태의 비밀』에서 "경제성장기를 지탱하던 충성의 가치가 흔들리면서 개인주의화한 현대인들이 충직한 개보다 자유롭고 도도한 고양이의 모습에 공감한다"라고 지적했다.

이를 반영하듯 과거 반려견에만 집중되던 것과는 다르게 우리나라에서도 현재 반려묘를 키우는 가구가 점점 늘어나고 있다. 그리고 이러한 반려묘 가구의 중심에 바로 1인 가구와 MZ세대가 있다.

혼자서도 잘 놀고 상대적으로 좁은 공간에서도 양육이 가능하며 따로 산책시켜줄 필요가 없는 고양이는 1인 가구의 폭발적 증가와 함께, 한 번도 경험하지 못한 인기를 누리고 있다. MZ세대는 고양이에게 열광하며, 그들에게 자신들의 욕구를 투영하고, 동시에 그들에게서 자신과 닮은 면을 발견한다. "나는 오늘도 어쩔 수 없이 회사 목걸이를 메고 출근하지만, 너라도 자유로이, 도도히, 지금처럼 살아다오. 내가 불러도 오지 않는 너를 보니, 내 마음이 후련하다." 고양이에게 속삭이는 MZ세대의 사랑 고백이다.

○ '집단'보다는 '혼자'

고양이는 집단보다는 개체가 더 중요한 동물이다. 개는 야생에서 무리를 지어 생활하고 함께 사는 가족을 자신의 무리로 인식하는 반면, 고양이는 야생에서도 무리를 만들지 않고 혼자 생활한다.

이전 소비 세대는 집단생활이 익숙하고 중요했다. 그래서 소비에서도 다른 사람이 다 쓰는 것이라면 나도 쓰고 싶은 심리가 컸다. 무리에서 잘 보이고 싶은 마음에 과시형 소비가 차지하는 비중도 컸다. 온라인 시장에서도 블로그와 커뮤니티, 페이스북 등 공개성이 강한 서비스를 선호했다.

그러나 고양이를 닮은 소비 세대는 다르다. 다수의 기준, 남들이 규정한 좋은 물건이 아닌 나의 기준에 맞고 나의 취향에 어울리는 제품과 브랜드를 선호한다. 그래서 비공개성이 강한 서비스, 나에게만 맞춤형으로 보여주는 콘텐츠에 열광한다.

○ '수직적'에서 '수평적'으로

개에게는 '주인'이 있지만, 고양이에게는 '집사'만 있을 뿐이다. 개가 명령에 복종하는 수직적인 관계에 있다면, 고양이는 길들여지는 것을 거부하고 자신이 주도하는 것을 좋아한다. 즉, 수평적인 관계를 선호한다.

MZ세대도 기업과 수평적인 관계를 선호하는데, 이러한 성향은 '나도 참여하고 싶다'는 의지로 구현된다. 다 만들어져 나온 제품보다는 나도 함께 끼어들 여백이 있는 브랜드, 함께 성장할 수 있는 것에 환호한다.

이들은 하루 평균 242분 동안 웹사이트 또는 앱을 사용하며 콘텐츠 중심의 미디어를 즐긴다(출처: 한국콘텐츠진흥원). 매일 발견하고 학습하는 콘텐츠에 각자의 영향력을 행사한다. 댓글일 수도 있고, '좋아요'나 '공유하기'일 수도 있다. 또한 이들은 공감을 중요하게 생각한다. 즉, 자신의 성향과 취향에 맞는 브랜드를 신뢰한다는 이야기다.

MZ세대의 90퍼센트는 어떤 브랜드를 서포트할지 결정할 때 '진실성'이 중요하다고 말한다. 이들은 기존 미디어가 만든 콘텐츠보다 개인 사용자, 주변 사람이 만든 콘텐츠가 평균적으로 35퍼센트 이상 더 기억에 남는다고 한다.

○ 예민한 관찰자

고양이는 특유의 경계심을 가지고 주위를 예민하게 관찰하며, 환경과 상황의 변화에 매우 민감하게 반응한다. 따라서 고양이와 교감할 때는 무턱대고 직접 다가가는 것보다 스스로 찾아오게끔 유도하는 것이 좋다. 즉, 고양이를 유혹해야 하는 것이다.

상대를 오래 지켜보고 나름의 판단을 내리는 모습은 MZ세대 소비자들에게도 나타난다. 브랜드를 옮겨 다니는 '브랜드 호핑'도 심하다. 조금씩 경험하고 체험하면서 낯을 익히고 느낌을 가져보는 것이다. 이들은 체험기를 공유하며 제품의 리뷰를 달면서 브랜드를 평가한다. 이리저리 살펴보다, 스스로 설득되면 비로소 입덕을 한다.

○ 지루한 건 싫어

이전 소비 세대는 기업이 최고, 최초, 최대라고 광고하는 것에 쉽게 현혹됐으며, 백화점 정기세일 등도 잘 먹혔다. 하지만 고양이를 닮은 MZ세대는 일반적인 광고나 정기세일 등 지루하고 고전적인 마케팅에는 관심이 없다. 그 브랜드만이 들려주는 스토리텔링이 있는지, 구매하는 과정에서 특별한 재미를 주는지가 소비를 하는 데 중요한 요소다.

스마트폰은 MZ세대를 역사상 가장 많은 브랜드를 소비하는 세대로 만들었다. 눈 떠서 잠들 때까지 브랜드와 함께 먹고 자고 생활한다. 페이스북과 인스타그램만 봐도 하루에 수십 개의 브랜드 광고를 접하는 이들이다. 이처럼 이 세대에게 브랜드는 일상이다. 일상은 자연스럽고 소소하되, 재미있어야 한다. 과거 브랜드를 소비하는 것 자체가 자신의 정체성이나 신분을 표현하는 도구라고 생각하던 세대와는 완전히 다른 개념이다.

고양이를 닮은 MZ세대의 특징을 깊이 이해하는 것은 소비 시장의 미래 향방을 예측하는 데에 중요한 역할을 한다. 그들이 자신을 바라보는 관점, 주변과 관계 맺는 방법, 욕구를 표현하는 행동 등에 대한 이해를 통해 그들이 원하는 소비 가치와 경험에 대한 귀중한 단서를 찾을 수 있기 때문이다.

연결을 원하지만
구속받긴 싫은

MZ세대는 24시간 365일 개방된 네트워크 속에서 살아간다. 달리 말하면 혼자 있어본 적이 없는 세대라는 뜻이다. 카카오톡, 페이스북, 인스타그램, 틱톡 등 이들은 한순간도 단절이 없는 시간 속에서 살아간다. 이러한 연결은 필연적으로 관계의 피로를 만들어낸다. 그래서 이들은 자신이 원할 때는 언제든지 혼자이고 싶은 갈망이 크다.

타인과 관계를 맺지 않으며 혼자서 여가와 취미를 즐기는 게 MZ세대의 큰 특징이다. 이들은 혼술, 혼밥에 이어 혼영(혼자 영화), 혼캠(혼자 캠핑), 혼펜(혼자 펜션) 등의 트렌드를 만들어내는가 하면, 집에서 즐거움을 찾는 '홈루덴스족'*의 모습을 보인다.

지난해 잡코리아와 알바몬은 2030 밀레니얼 세대 3,839명을 대상으로 '홈루덴스족 현황'을 조사했다. 그 결과, 설문에 참여한 응답자 중 72.3퍼센트가 스스로를 집에서 노는 것을 더 좋아하는 '홈루덴스족'이라고 답했다. 홈루덴스족이 된 이유로는 '집이 가장 편해서', '집에서 내 취향을 오롯이 실현할 수 있어서' 등의 응답이 많았다.

언제든 다시 온라인 세상의 또 다른 나로 돌아갈 수 있다는 생각은 그만큼 오프라인 모드로의 전환도 쉽게 만든다. 마음만 먹으면 손가락 한 번 움직여 첨단 네트워크 세상으로 진입할 수 있기 때문에 이들은 '지금 내가 무엇을 원하는가'에 더 집중한다. 스마트폰처럼, PC처럼 언제든지 나를 온On했다가 오프Off할 수 있는 세대인 것이다.

언어와 국경의 장벽 없이 널려 있는 정보를 원하는 대로 얻을 수 있는 MZ세대는 사람과의 관계도 비슷한 패턴으로 맺고 끊는 데 익숙하다. 관심사와 취향, 가치관이 비슷한 친구들과 언제든지 자신의 의지로 만나고 헤어질 수 있기 때문이다. 이러한 성향이 반영된 대표적인 모임이 바로 살롱 문화와 무교류 동호회다.

이제 취미를 핑계로 친목 모임을 하는 건 꼰대들의 세계가 됐다. 마라톤 준비를 빙자한 주말 음주회, 밴드 합주를 가장한 금

● 집을 뜻하는 홈Home과 유희, 놀이를 뜻하는 루덴스Ludens를 합친 말로, 자신의 주거공간 안에서 휴가를 즐기는 이들을 가리키는 신조어다.

요 소맥회는 요즘 세대에겐 없다. 이런 동호회에 한 번이라도 가입해본 사람, 이를 '낭만'이었다고 부르는 사람은 그들에게 그저 '고조선 사람'일 뿐이다. 요즘 동호회는 서로 교류하지 않는 이른바 무교류 동호회로 모임의 목적 외 활동은 전혀 하지 않는 게 원칙이다.

> 한강 시민공원 잠원지구에서 9시에 모여 한 시간 러닝하고 헤어집시다.

이렇게 약속한 시간에 모여 달리면 된다. 그러곤 하이파이브를 하고 각자 갈 길을 간다. 여기서 누군가 "혹시 치맥…", "목마르니까 편의점에서…" 이런 소리를 하면 실례다. 혹여 명함이라도 챙겨 가려는 사람이 있다면 따가운 시선을 피할 수 없다.

목적 지향적인 동호회는 캠퍼스 내에서 더 흔하다. 요즘 대학생들은 도서관에서 공부하다가 점심 시간에 밥 먹을 사람을 찾아 친구들에게 연락하지 않는다. 대신에 '밥 먹을 사람 구합니다'라고 올리면 공유되는 스마트폰 앱을 사용한다. 이른바 '밥모임 앱'이다. 이렇게 모이면 정말 같이 밥만 먹는다. 묵독默讀 파티도 그렇다. 정해진 시간과 공간에 모여서 자신이 가져온 책만 읽는다. 어차피 혼자 읽을 책을 왜 굳이 모여서 읽느냐고 묻는다면 이렇게 답할 것이다.

외롭긴 한데, 구속받긴 싫어서.

다른 목적으로 서로에 대해 궁금해하지 않기 때문에 감정적인 낭비가 없다. 행위와 목적 그 자체에 충실한 모임이다.

비슷한 맥락에서 카카오톡 오픈 채팅방은 여행 성수기 때마다 혼행족들로 붐빈다.

오늘 바르셀로나에 계신 분, 야경 투어 5명. 저녁 9시. 고딕지구
○○ 앞에서 모여요.

이렇게 MZ세대는 혼자 여행하는 도중에 누군가 필요하면 그곳에서 여행 메이트를 만든다. 굳이 모르는 사람과 여행하려는 이유는 지인과 함께 갔다가 취향이 안 맞아 싸우고 화해하고 하는 등의 피곤한 일이 없기 때문이다. 쓸데없는 관계의 피로감은 딱 싫다고 이들은 이야기한다.

"하기로 한 것만 딱 하고 헤어지면 서로 피곤하지 않고 부담도 없잖아요. 효율적이죠."

MZ세대의 인맥과 여가는 대부분 '나의 발전'과 '사회적 의미'에 방점을 둔다. 호텔스닷컴이 올해 발표한 '세대별 여행 트렌드 보고서'는 밀레니얼 세대를 '대담한 자기계발자'로 분류했다. 이들은 강습, 체험 등을 자기만족과 자기계발의 기회로 삼고자

하는 성향이 컸다. 밀레니얼 세대 10명 중 8명은 자기계발 등 자신에게 도움이 되는 여행에 더 많은 돈을 쓸 용의가 있다고 했다. 10명 중 2명은 아예 여행의 목적 자체를 자기계발에 맞춘다고 답했다.

요즘 유행하는 요리, 언어, 사진 배우기 등의 '원데이 클래스 열풍'은 요즘 세대가 온라인과 오프라인에서 무엇을 원하는지를 구체적으로 보여주는 사례다. 온라인에서 24시간 무엇이든 볼 수 있고 누구와도 연결될 수 있는 이들은 정보와 관계의 포화 속에 오프라인으로 돌아와 가장 의미 있고, 가장 도움 되는 사람과 경험을 찾고 있다.

불안이 만든
지금의 만족

    MZ세대는 과거 어느 세대보다 불안을 많이 느낀다. 딜로이
트가 지난해 10개국의 밀레니얼 세대(1983~1994년생) 1만 3,416명
과 Z세대(1995~2002년생) 3,009명을 대상으로 설문조사한 결과,
이 두 세대가 삶에서 가장 불안해하는 부분은 돈과 관련된 문
제였다. 재정적인 보상에 대해 밀레니얼 세대의 43퍼센트, Z세
대의 34퍼센트가 불만족스럽다고 답했다.

    이들의 불안감을 부추기는 요인으로는 발전의 기회가 사라
진 것, 배움의 기회가 사라진 것, 존중받지 못하고 삶과 일의 균
형이 깨진 것 등의 순이었다. 두 세대가 가장 관심을 두는 부분
은 세계를 돌아다니며 구경하고 여행하는 것이었다(57퍼센트).

    경제에 대한 기대치는 절망적일 정도로 낮았다. 설문에 응한

사람들 가운데 4명 중 1명만 앞으로 1년 내 각국의 경제 상황이 개선될 것으로 보인다고 응답했다. 이들은 부모 세대(X세대)의 경제 위기를 보고 자랐다. 이 때문에 실용성과 경제적 가치를 우선시한다. 동시에 이와 관련한 불안감을 내재하고 있다. 2018년 미국 심리학회가 실시한 설문조사에 따르면 Z세대의 54퍼센트, 밀레니얼 세대의 40퍼센트가 "지난 한 달간 스트레스 때문에 불안감이나 신경과민 증세를 느꼈다"고 말했다. X세대(35퍼센트), 베이비붐 세대(27퍼센트)는 물론 전체 평균(34퍼센트)보다 월등히 높았다.

이에 PwC 등 해외 유수 기업들은 직원들이 자신의 건강 문제를 의논할 명상 세션을 운영하거나 정신 건강을 도와줄 웰빙 프로그램을 확대하고 있다.

MZ세대는 역사상 가장 자유분방하다고 생각하기 쉽지만, 사실 이들은 끊임없이 타인의 삶과 나의 모습을 비교하며 살아온 세대이다. 소셜미디어가 끊임없이 사회적 경쟁을 부추기고 타인과 비교하도록 만들기 때문이다. 취향 존중의 소비와 개인적인 만족을 위한 취미활동을 한다고 말하지만 어쩌면 SNS를 통한 사회적 평판으로부터 가장 구속받고 있는 세대일지 모른다.

불안이 일상이 된 세대에게 코로나19는 단순한 불안감을 넘어 삶의 본질을 고민하게 한다. 이른바 '코로나 세대'가 된 MZ세대는 기존에 이들을 관통하던 '소확행', '숏확행', '워라밸', '가

심비' 같은 특징을 더 강화할 것으로 보인다. 전 세계적 위기를 젊은 시기에 마주한 이들은 아주 먼 미래에 대한 희망과 꿈, 목표보다는 지금 당장 이룰 수 있는 목표와 일상의 작은 행복에 더 집중하는 삶의 태도를 보인다.

하면 된다?
우리는 되면 한다!

　　기성세대는 종종 요즘 세대를 향해 '하면 된다' 정신을 모르는 열정과 노력이 부족한 세대로 평가하지만, 이는 자신들의 시야로만 이들을 바라본 것이다. MZ세대가 근성이 부족하고 의욕이 없어 보인다면 그것은 자신이 하고 싶은 일이 아니거나 스스로 확신이 서지 않는 일이기 때문일 경우가 많다. 요즘 세대는 상사가 시키는 일을 잘해내고 인정받는 데에 만족하지 않는다. 지시에 따라 하는 일이더라도 스스로 만족하고, 스스로를 성장시키는 일이어야 한다.

　　수직적인 대한민국 기업 문화에서 MZ세대와 함께 지내기 어려운 이유가 여기에 있다. 이유도 모르는 불명확한 지시를 내리고서는 '될 때까지 노력하라'고 한다면 그저 답답하고 한심한 상사로 전락할 뿐이다.

MZ세대는 나에게 도움이 되는 일, 될 거 같은 일에는 누구보다 더 집중한다. 그리고 이러한 일에는 기성세대보다 더 강한 근성을 보이며 유능함을 발휘한다. 그 예를 우리는 프랜차이즈 시장에서 찾아볼 수 있다.

'은퇴한 중장년층의 전유물'이던 프랜차이즈 업계에는 세대교체 바람이 거세다. 최근 MZ세대가 대거 유입됐다. 2030세대가 전체 점주의 50퍼센트에 육박하는 브랜드도 등장했다. 국내 1위 치킨 브랜드 교촌치킨에는 20대와 30대 점주 비중이 이미 절반을 넘어섰다. 지난 3년간 들어온 신규 점주 가운데 20대와 30대 비중은 18퍼센트 늘었고, 50대 이상은 15퍼센트 줄었다. BBQ와 굽네치킨의 20대와 30대 점주 비중도 각각 33퍼센트, 45퍼센트나 된다. 도시락 프랜차이즈 '본도시락'과 커피 프랜차이즈 '더벤티'는 40퍼센트를 넘어섰으며, 샐러드 프랜차이즈 '샐러디'는 전체 점주의 70퍼센트가 39세 이하다.

MZ세대는 '일단 한번 시작해볼까' 하는 자세로 도전하지 않는다. 이들의 도전은 특히 시장에서 이미 오랜 시간 검증된 상위 브랜드에 쏠린다. 청년 실업이 심화되면서 취업보다 창업에 관심을 갖게 된 것도 큰 이유지만 막연한 기대보다 '확실한 투자'를 하고 있다는 게 업계의 이야기다.

창업 전선에 뛰어든 MZ세대가 프랜차이즈 브랜드를 선호하

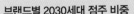

브랜드별 2030세대 점주 비중 단위 %

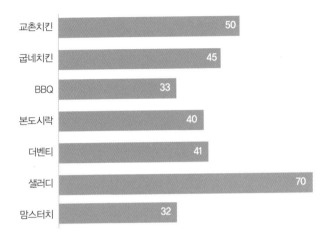

교촌치킨 50
굽네치킨 45
BBQ 33
본도시락 40
더벤티 41
샐러디 70
맘스터치 32

● 맘스터치와 본도시락은 2019년 신규 점주 중 20~30대 비중이다.

는 이유는 크게 두 가지다. 우선 리스크가 적다. 짧게는 4~5년, 길게는 30년씩 장수한 브랜드는 경쟁력이 검증되어 장사에 실패할 확률이 낮다. 배달 앱 등 모바일 플랫폼의 영향도 크다. '배달의민족', '요기요' 등의 앱을 통해 각 점주가 지역 소비자와 직접 소통할 수 있고, 이를 기반으로 다양한 마케팅을 할 수 있다.

MZ세대는 창업을 할 때 자신 또는 친구들이 평소 좋아하는 브랜드를 선택하는 경우가 많다. 투자금을 얼마나 빨리 회수할 수 있는지, 배달 서비스가 쉬운지 등을 꼼꼼하게 따지는 것도 기성세대와 다르다.

청년 점주들은 유튜브, 인스타그램 등을 통해 적극적으로 홍보 및 마케팅에 나서면서 중장년층 점주들이 운영하는 점포와는 비교가 되지 않을 정도로 빠르게 성장하고 있다. 홍보 영상을 찍어 유튜브에 올리거나 인스타그램에 이벤트 공지를 하는 일은 이들에겐 일상이다. 본사가 놀랄 만큼 배달 앱도 적극 활용한다. 리뷰를 쓰는 소비자에게 사이드 메뉴나 할인 혜택을 제공하는 '리뷰 이벤트', 주문할 때마다 수익금 일부를 기부하는 '매칭 기부 이벤트' 등 각종 이벤트 참여에도 활발하다. 본사에 상권에 따른 아이디어와 메뉴 개발 아이디어 등도 적극적으로 낸다.

최소 비용으로 최대 효율을 내고자 하는 인생 설계법은 전 세계 MZ세대의 공통적인 특징이다. 그 예로 미국에서 벌어지는 '파이어FIRE 운동'이 있다. 이는 Financial Independence, Retire Early의 약자로, 재정적 독립을 통한 빠른 은퇴를 의미한다. 20대부터 수입의 70~80퍼센트를 저축하고 소비를 극단적으로 줄여 가급적 빨리 은퇴한 다음, 하고 싶은 일을 하면서 남은 인생을 살고자 하는 것이다. 이 운동을 주도하는 이들이 MZ세대다.

10대, 20대가 금융 투자에 열을 올리고 있는 것도 전 세계적으로 나타나는 현상이다. 15초에서 1분 사이 짧은 동영상을 공유하는 소셜미디어 틱톡에서 '투자하기 해시태그'#Investing로 분류된 영상은 지난 8월 기준으로 조회수가 3억 건을 넘어섰다. 투자 팁#Investingtip, 투자 입문#Invest101 등 관련 해시태그가 달린

영상의 누적 조회수도 수백만이다. 10대 후반이나 20대 초반 인플루언서들이 '내가 보유 중인 주식'을 소개하는 동영상도 많이 올라온다. 유튜브에서도 20대를 대상으로 '경제적으로 독립하기' 등의 투자법을 다루는 채널이 인기다.

미국에서는 최근 초보 무료 주식 거래 앱인 '로빈후드'의 10대, 20대 사용자가 늘었다. 로빈후드는 올 1분기에 300만 계좌가 개설됐으며, 올 초부터는 틱톡에서 광고도 시작했다. 로빈후드에 따르면 이용자의 평균 연령은 31세로 청년 투자자들은 주로 바이오 기업과 온라인 화상회의 기업 등에 투자하고 있다.

MZ세대가 한국에서는 '동학개미운동'*을, 미국에서는 '로빈후드 투자'를 벌이는 건 어쩌면 당연한 일이다. 코로나19를 계기로 금융시장 변동성이 커지자 이를 투자 기회로 보고 용감하게 뛰어드는 것이다. 한편으로 경기 침체가 길어지고 실업률이 더 치솟을 것에 대비해 스스로 안전망을 확보하고 있다는 분석도 가능하다.

코로나19 이후 한국 증시는 세대교체를 이루고 있다. 공격적이고 모험적인 투자 성향을 지닌 MZ세대가 새로운 중심이 되고 있기 때문이다. 상위 6대 증권사의 올해 신규 개설 계좌 비

---

* 2020년 코로나19 확산 사태가 장기화되면서 주식시장에서 등장한 신조어로, 국내 개인투자자들이 기관과 외국인에 맞서 국내 주식을 대거 사들인 상황을 1894년 반외세 운동인 '동학농민운동'에 빗댄 표현이다.

중의 57퍼센트가 2030세대였다. MZ세대는 ESG(환경 사회 지배구조)를 적극적으로 고려하여 투자한다. 전통적인 제조업보다 4차 산업혁명과 바이오 등에 과감하게 투자하는 성향을 보인다.

이들이 주식 투자에 뛰어드는 이유는 아주 현실적이다. 미래에셋은퇴연구소의 설문조사에 따르면 2030세대가 주식 투자에 뛰어든 가장 큰 이유는 근로소득만으로 자산 증식이나 계층 이동이 불가능하기 때문이었다(33퍼센트). 초저금리 때문에 예금이나 적금을 드는 게 무의미하다는 응답도 30퍼센트에 달했다. 경제와 산업에 대한 이해를 위해(14퍼센트), 지인과 공유하는 취미의 목적으로(12퍼센트), 정부 규제로 부동산 투자 기회를 상실해서(6퍼센트), 한국 기업의 성장성에 대한 확신(5퍼센트) 등의 이유도 있었다. 주식 투자로 번 돈의 사용처로는 생활비, 주택구입비, 은퇴 자산 순이었다.

MZ세대가 과감하게 주식 시장에 뛰어들 수 있었던 배경에는 줄어든 정보 격차가 있다. 투자의 핵심 정보를 얻는 경로가 어느 때보다 많아졌다. 대형 증권사 펀드매니저에게 상담받기보다 유튜브 채널을 보며 '주린이'[*]가 되기도 하고, 화상회의 줌을 통해 관심 있는 이들끼리 스터디 모임을 하기도 한다. 스스로 공부하며 투자하는 성향은 기성세대와 전혀 다른 습성이다. 올

● 주식+어린이를 합쳐 주식 초보자를 이르는 신조어이다.

해 대형 서점의 베스트셀러 순위를 경제경영서로 바꿔놓은 것
도 MZ세대다.

이들은 국경을 넘어 해외 투자에도 거침없다. 온라인으로 전
세계 소식을 접하고 정보를 끌어모으는 데 능한 이들은 '원정
개미군단', '서학개미'로 떠올랐다. 테슬라, 니콜라, MS, 애플, 넷
플릭스 등 해외 주식 투자를 주도하고 있다.

'우리의 취향이 곧 미래가 된다'라는 확신은 '팬덤 투자'도 만
들어냈다. 미래 소비 시장의 주도권을 쥔 세대들은 게임과 엔
터테인먼트 주식을 대거 사들였다. 자산운용사와 증권사들은
2030세대가 투자 주도층이 되면 대한민국의 주식 투자 문화가
완전히 달라질 것이라 말한다.

본캐보다
더 중요한 부캐 _____

김태호 PD와 방송인 유재석이 〈무한도전〉 이후 다시 만난 예능 프로그램 〈놀면 뭐하니?〉가 TV를 떠났던 MZ세대까지 다시 불러 모으며, 토요 예능 1위 자리를 지키고 있다. 〈놀면 뭐하니?〉는 국민 방송인 유재석이 상황에 따라 전혀 다른 캐릭터가 되는 예능 프로그램이다. 그는 트로트 가수 '유산슬'로 데뷔했다가, 어느 날 라면을 섹시하게 잘 끓이는 '유라섹'이 됐다가, 또 어느 날은 하프 연주자 '유르페우스'가 된다. 고정 캐릭터로 10여 년을 이어온 〈무한도전〉, 〈런닝맨〉 같은 프로그램과는 본질적으로 다른 '멀티 페르소나'* 시대에 새로운 예능 프로그램의 장르를 열었다는 평가를 받고 있다. 최근에는 가수 비, 이효리와 함께 '싹쓰리' 혼성 그룹을 만들기도 했는데, 유재석뿐만 아

유재석 출연	유고스타 역	유산슬 역
유라섹 역	유르페우스 역	유DJ뽕디스 역
닥터유 역	유두래곤 역	지미유 역

| 〈놀면 뭐하니?〉 프로그램에서 유재석이 보여준 다양한 부캐들 |

니라 이효리, 비가 각각 유두래곤, 린다G, 비룡 등 부캐**로 탄생하며 높은 시청률을 기록했다.

이처럼 2020년 연예계에는 그야말로 '부캐 열풍'이 불고 있다.

* '다중적 자아'라는 뜻으로, 개인이 상황에 맞게 다른 사람으로 변신하여 다양한 정체성을 표현하는 것을 뜻한다. 서울대 김난도 교수가 주도하는 서울대 소비트렌드분석센터가 2020년의 소비트렌드 10개 중 하나로 제시한 개념이기도 하다.
** 온라인 게임에서 본래 사용하던 계정이나 캐릭터 외에 새롭게 만든 '부가 캐릭터'를 줄여서 부르는 말이다.

예능인 김신영은 1945년생 신인 트로트 가수 '둘째이모 김다비'
로 변신해 직장인의 애환을 담은 노래를 구성지게 부른다. 둘째
이모 김다비는 데뷔 이후 〈아침마당〉, 〈놀면 뭐하니?〉, 〈밥블레스
유 2〉 등에 출연하며 활약하고 있다. 얼마 전 김신영은 "부캐 수
익이 김신영으로 살 때보다 10배는 더 높다"며 "김신영은 은퇴
할 수도 있다"고 말하기도 했다. 또한 〈나 혼자 산다〉의 박나래
는 한혜진, 화사와 함께한 생일파티에서 안동 조 씨 '조지나'라
는 캐릭터를 선보였다. 앞으로도 프로그램의 PD나 작가가 만들
어놓은 캐릭터에 갇히지 않고, 스스로 캐릭터를 만들어 변신하
는 연예인이 점점 더 늘어날 것으로 보인다.

왜 MZ세대는 이러한 부캐 예능에 열광하는 걸까? 이들에게는
자신의 개성을 표현할 플랫폼이 다양하다. 보통 일인당 6~7개의
SNS 계정을 소유하고 있다. 집-학교-회사-동호회 정도에 불과
하던 기성세대와 달리 상황과 장소에 따라 자신의 모습을 자유롭
게 바꾸는 것이 가능하며, 이러한 자신을 표현할 출구도 여러 개
다. Z세대에게 가장 대중적인 SNS인 인스타그램만 봐도 그렇다.
1인 다계정을 사용하는 건 이미 일반적인 사용 형태가 됐다. 이들
의 인스타그램은 공개로 운영하는 진짜 계정 '린스타Real Instagram',
특정 캐릭터나 주제만으로 운영하는 '핀스타Fake Instagram'로 나눈
다. 이러한 세대에게 가상의 배경과 이야기 구조를 가진 연예인
의 부캐는 신선함과 동질감을 동시에 주기에 충분하다.

사귀기 전에
'삼귀기'

    멀티 페르소나에 익숙한 세대는 '사귀기'의 전 단계인 '삼귀기'라는 신조어도 만들어냈다. 남녀 관계가 과거에는 '연인' 아니면 '친구'라는 이분법으로 나뉘었다면 지금은 중간단계가 하나 더 늘었다.

        만난다 → 삼귀다 → 사귀다

      또는, 심(관심 가는 사람) → 썸(준연애 단계) → 연애

    이처럼 관심이 가는 단계에서 연애로 가는 애매한 과정을 굳이 정의해놓은 이유는 무엇일까? 여기에는 연애에도 시간과 돈이 드는데 이를 낭비하고 싶지 않다는 심리가 크게 작용한다.

한국보건사회연구원이 발표한 '2018년 전국 출산력 및 가족보건복지 실태조사'에 따르면 20~44세 미혼 남녀 2,464명 중 남성의 경우 74.2퍼센트, 여성의 경우 68.2퍼센트가 현재 이성교제 상대가 없다고 대답했다. 설문조사 기관 '틸리언프로Tillon Pro'가 2040세대 남녀 3,021명을 대상으로 한 조사에 따르면 연애하지 않는 이유는, 마음에 맞는 적당한 상대를 아직 만나지 못해서(46.34퍼센트), 혼자만의 자유로움과 편안함을 잃고 싶지 않아서(36.21퍼센트), 이성 교제의 필요성을 못 느껴서(28.56퍼센트), 데이트 비용 등 금전적 부담 때문에(20.33퍼센트), 현재의 일이나 학업에 열중하고 싶어서(16.69퍼센트) 순이었다(중복 응답 가능).

왜 이러한 변화가 일어났을까? 두 가지 외적 환경의 변화에서 그 답을 찾아볼 수 있다. MZ세대 600만 명을 모아놓으면 취향 또한 600만 개다. 기업들은 앞다퉈 세분화된 제품을 쏟아내고 남들과는 무엇이 다른지 끊임없이 설명해야 한다. 나의 취향, 입맛에 맞는 콘텐츠를 골라서 소비하는 성향은 인간관계에도 비슷한 패턴을 만들었다. 세분화된 취향이 사람과 사람 사이에 '간극'을 만들기도 하는 것이다.

MZ세대는 '혼자이고 싶다'고 주장하면서도 전방위적 네트워킹이 가능한 환경에 살고 있다. 언제라도 취향 공동체와 연결될 수 있기 때문에 물리적으로 가까운 친구, 애인과는 커져버린 각자의 세계를 공유하는 게 점점 더 힘들어지기도 한다. 오히려 나만의 관심사와 취향, 가치관을 공유할 수 있는 네트워크 속 친구가 소울메이트가 된다. 필요할 때만 소통하고 언제라도 자발적 의지로 오프라인 상태가 될 수 있다. 인간관계의 온오프 스위치를 갖게 된 MZ세대는 오프라인에서 특정 소수와 밀접한 관계를 맺는 상황 자체를 부담스러워한다.

대학내일 20대연구소에 따르면 MZ세대는 불금에도 집에서 혼자 맥주 마시기를 선호한다. 혼맥을 즐기는 요일 1위는 금요일이고(50퍼센트), 장소는 압도적으로 집이었다. 혼맥을 선호하는 이유는 '혼자가 좋아서'가 응답자의 80퍼센트였다. 경제적 이유는 17퍼센트에 불과했다. 불금의 휴식에 꿀잠을 자거나 혼맥을 하며 넷플릭스를 보고 싶은 게 그들의 욕구다.

소모적인 인간관계를 극도로 싫어하는 MZ세대에게 또 다른 취미는 '식물 키우기'다. 집안에서 반려식물을 키우는 현상은 전 세계 MZ세대에게서 공통적으로 나타난다. 주거 공간이 점점 좁아지고 도시화가 진행되면서 미국의 가드닝 시장은 2018년 기준 연 6퍼센트의 성장률을 기록하고 있다(출처:유로모니터 수치). 실내 가드닝 용품 시장도 10퍼센트 넘게 성장하고 있다.

실내 가드닝이 뜨는 이유는 점점 나빠지는 실외 환경 변화도 있지만, 더 큰 이유는 MZ세대의 삶의 방식과 밀접하다. 글로벌 트렌드 분석 기업인 WGSN은 "밀레니얼 세대가 기성세대에 비해 결혼, 출산, 육아 등을 미루거나 하지 않으면서 식물에 자아를 투영한다"고 분석했다. 디지털 세상에서 자연을 가까이하고 싶은 심리, 동물이나 사람과 달리 내가 원하는 시간에 돌볼 수 있고, 책임감을 갖거나 감정소비를 하지 않아도 되는 대상이라는 점이 복합적으로 작용했다고 설명한다. 이를 반영하듯 인스타그램과 유튜브에 식물 사진과 영상이 끊임없이 올라오고, 품종별로 키우는 방법 등의 지식을 공유하는 사례가 늘고 있다.

인스타그래머블한지
체크

인스타그램의 네모칸 안에 담은 MZ세대의 욕망은 현대인의 자존감을 그대로 나타낸다. SNS에서 좋은 평판과 인기를 얻는 일이 시대가 요구하는 자존감과 같아졌기 때문이다. MZ세대, 특히 Z세대는 '인스타그래머블Instagrammable'한지를 먼저 따지고 행동을 결심한다.

지금의 소비는 과거 돈을 주고 물건을 교환하는 단순한 행위를 넘어선다. 검색을 하고, 사진을 찍어 올리고, 공유하고 공감을 받아 만족을 느끼는 모든 과정이 소비의 과정이 됐다.

미국 산타클라라대와 홍콩시티대가 공동 연구한 소비자 조사에 따르면, 밀레니얼 세대는 같은 음식점에서 같은 메뉴를 먹는 경우 인스타그램이나 페이스북 등에 먼저 음식 사진을 올린 집단이 그렇지 않은 집단보다 만족도가 훨씬 높았다.

여행지를 고를 때도 마찬가지다. 지난해 트립닷컴이 조사한 '1990년대생의 여행 트렌드'에 따르면 이들이 여행 정보를 얻는 가장 중요한 채널은 인스타그램(45퍼센트)이었다. 그 뒤를 블로그(43퍼센트), 유튜브(29퍼센트)가 이었다. 여행지에서 가장 많이 사용하는 SNS에 대해서도 인스타그램(65퍼센트)이라는 응답자가 가장 많았다.

자기표현과 만족, 경험을 공유하고 공감받는 한편에는 이미지에 집착하는 문화가 있다. MZ세대는 아이돌이 대중문화의 거대한 주류일 때 함께 자라난 세대다. 또래 가운데 '○○중학교 얼짱'이었거나 SNS를 통해 유명해진 친구들이 스타가 되는 과정을 지켜봐왔다. 이를 보면서 MZ세대는 외모를 가꾸고 자신에게 투자하는 일이 삶을 규정하는 중요한 요인이 됐다.

인스타그래머블 시대에 외모에 대한 투자는 성별을 가리지 않는다. 수영장이나 남성 사우나에서 화장품 파우치를 들고 다니면 20대, 비치된 공용 화장품을 바르면 아저씨라는 이야기도 나올 정도다. 한국 남성의 1인당 스킨케어 지출 규모는 세계 1위이며, 국내 남성용 화장품 시장은 1조 원을 넘어섰다. 샤넬은 남성용 화장품 '보이 드 샤넬'의 첫 진출 국가로 한국을 선택했다. 10대 남성 대부분이 베이스 메이크업을 하고, 일부 색조화장을 하는 경우도 늘고 있다.

50대의 한 지인은 지하철에서 학생이 헤어롤을 하고 있기에 깜빡한 줄 알고 살며시 다가가 한마디 했다고 한다.

"저, 학생… 머리에… 머리에….”

돌아오는 건 여학생의 따가운 눈초리였다. 지하철에서, 카페에서, 대학 강의실에서, 언제 어디서나 하고 다니는 헤어롤 열풍은 기성세대에게는 이해 불가의 영역이다.

인스타그래머블이 MZ세대에게 가장 중요한 소비의 기준이 되면서 스마트폰 기업들도 바뀌었다. 더 좋은 화질과 더 좋은 성능의 카메라가 이제 휴대폰을 고르는 기준이 됐다. 삼성전자는 하루 수십 장의 셀카를 찍는 MZ세대를 겨냥해 업계 최초로 스마트폰에 '셀카용 카메라' 성능을 반대편 일반 카메라보다 더 좋게 만들었다. MZ세대를 유혹하기 위한 전략적 선택이었다.

인스타그래머블한 공간에 열광하는 MZ세대는 자신만의 공간, 자신만의 다이어리, 자신만의 휴대폰 '꾸미기'도 유행시키고 있다. 코로나 시대에 집에 있는 시간이 늘어나면서 꾸미기 열풍이 SNS를 통해 빠르게 확산되고 있다.

모바일로 모든 걸 해결할 것 같은 MZ세대의 꾸미기 열풍은 아이러니하게 아날로그의 대명사, 다이어리 꾸미기인 '다꾸'에서 시작되었다. 이는 휴대폰을 꾸민다는 '폰꾸', 책상을 꾸민다는 '데꾸', 스티커로 꾸민다는 '스꾸' 등으로 이어지고 있다. 이들은 자신만의 다이어리를 꾸민 다음, SNS에 올려서 인증한다.

이러한 열풍에 문구류들도 때 아닌 호황을 누리고 있다. 다이어리를 꾸미는 데 필요한 마스킹 테이프나 떡제본 메모지가 '마테', '떡메' 등의 줄임말로 불리며 무섭게 팔려나가고 있다. 다이소, 텐바이텐, 교보문고 등은 아예 '다꾸 전용 코너'를 만들었으며, '내맘대로다꾸다꾸', '까만너구리' 등 전문 문구점까지 등장했다. 백화점에서는 다꾸 용품 행사인 '다꾸페(다이어리 꾸미기 페어)'를 열었고, 유튜브에도 '다꾸TV' 등이 등장했다.

MZ세대는 이런 꾸미기 문화를 공간으로 이어가고 있다. 1020세대가 가장 오랜 시간을 보내는 책상을 꾸미는 것을 가리키는 '데꾸테리어'라는 신조어까지 생겨났다. 공부하는 모습을 찍어 올리는 '공스타그램', 자신의 방을 찍어 올리는 '집스타그램' 등이 인기다.

탈권위주의:
망가지는 CEO

2020년 상반기 음악계는 트로트가 장악했다. 지난해부터 재조명된 '트로트' 장르는 임영웅, 영탁, 이찬원, 김호중, 김희재, 정동원, 장민호 등을 일약 스타로 만들었다. 아이돌 그룹이 독차지하던 음원시장의 차트도 변했다. 임영웅의 〈이제 나만 믿어요〉는 지난 4월 3일 발표 직후 주요 실시간 음원 차트 1위를 차지했고, 현재도 순위권 안에 있다.

트로트는 쉽고 감각적일 뿐 아니라 보편적인 위로와 공감의 메시지를 던진다. 사실 한민족의 음악적 DNA에는 트로트가 뿌리 깊다. 국악 5음계와 트로트 5음계는 딱 맞아떨어지고, 트로트 가사나 멜로디에도 한국 특유의 맛이 살아 있다. 하지만 2000년대 이후 트로트는 비주류 음악 장르였다. '성인가요'라는 이름으로 특정 세대에서만 주목받았고, '할머니, 할아버지의 음악'으로 취급받았다. 〈가요무대〉, 〈전국노래자랑〉 등의 프로그램을 제외하면 지상파 TV에서조차 보기 어려웠다.

하지만 또래 가수들이 트로트를 재해석하고, 예능 프로그램들이 재조명하면서 MZ세대에게 트로트는 진솔하고, 재미있고, 귀에 쏙쏙 들어오는 새로운 장르로 해석됐다. 현재 대한민국에 불고 있는 트로트 열풍의 중심에 MZ세대가 있는 것이다.

다른 세대의 음악이던 트로트를 살짝 변형해 '우리 세계'로 끌고 들어오는 것을 쿨하다고 여기는 MZ세대. 이 같은 일은 인간관계에서도 벌어진다. MZ세대가 가장 멋지다고 여기는 인간관계는 자신보다 열 살 이상 차이 나는, 좀 잘나가는 멘토들을 '친구'라고 말할 수 있는 관계다.

탈권위주의는 MZ세대에겐 새로운 소통의 방식이 됐다. 뻔한 것을 거부하는 이들과 소통하기 위해서는 예측 가능한 것을 벗어던져야 한다.

요즘 회장님, 사장님의 변화도 이러한 맥락에서 찾을 수 있다. 코로나19로 인한 언택트 시대를 맞아 CEO들은 앞다퉈 유튜버가 되고 있다. 시작은 최태원 SK그룹 회장이었다. 그는 계열사가 모두 보는 사내 방송에 '최태원 클라쓰'라는 제목으로 영상을 올리고 있다. 라면 먹방을 선보인 다음 '환경을 생각한다면 음식물을 남기지 맙시다' 등의 문구를 내보내거나, '일(하는)

방(식) 혁(신)'이라는 주제로 삼행시를 짓기도 하는데 영상 곳곳에는 B급 유머 코드로 가득하다.

재벌가의 탈권위는 그 자체로 이슈를 몰고 다닌다. 정용진 신세계그룹 부회장이 그 선두에 있다. 그는 인스타그램을 통해 요리하는 모습, 반려견과 보내는 일상, 맛집을 찾아 떠나거나 여행하는 장면 등을 공유한다. 소통의 대상은 직원을 넘어 대중이다. 정용진 부회장의 인스타그램 팔로워는 42만이 넘고, 그의 게시물에는 수백 개의 댓글이 달린다. 백화점과 대형마트 등 그룹의 주요 사업이 정체기를 맞이한 상황에서 그가 직접 마트 카트를 밀고 장을 보는 사진이 공개되면, 그가 담은 쇼핑 아이템, 입고 있는 패션 브랜드 등이 화제를 몰고 다닌다. 신세계그룹의 내부 임직원들도 정 부회장이 어디에서 무엇을 올릴지 도무지 알수 없다고 한다.

이완신 롯데홈쇼핑 대표는 유튜브 생방송으로 진행된 사내 방송에서 '유튜버 완'으로 등장했다. 피부가 좋다는 말에 '화장발'이라고 응답하고, 직원들의 즉석 요청에 춤을 춰 보이기도 했다. 직장생활 조언은 물론 자연스럽게 경영 전략도 풀어놓았다.

오뚜기 함영준 회장은 자신의 딸 함연지 씨의 유튜브 채널 '햄연지'를 통해 자연스럽게 소통하고 있다. 함 회장은 '어버이날 특집편'에서 딸이 오뚜기 제품으로 만든 음식을 평가하거나, 딸과 사위의 요리 대결에서 평가자로 나선다. 28만 명이 넘는 구독자

를 보유한 햄연지 채널의 동영상 가운데 함 회장이 출연한 영상
은 조회수가 다른 영상에 비해 두세 배 더 많다.

신념을 소비하는
미닝 아웃

지난 6월 글로벌 커피 브랜드 스타벅스는 미국 직원들이 BLM 문구(Black Lives Matter, 흑인의 목숨도 소중하다)가 새겨진 티셔츠를 입으려 하자 '규정에 어긋난다'며 착용을 금지했다. 그러자 MZ세대를 중심으로 순식간에 스타벅스 보이콧 운동이 시작됐다. 이에 스타벅스는 바로 입장을 바꿔 25만 장의 BLM 티셔츠를 직원들에게 나눠줬다.

좋아하는 브랜드를 마음껏 띄우고, 옳다고 믿는 생각을 거침없이 말하는 Z세대는 '디지털 폴리티션Digital politician'이라는 별명을 갖고 있다. 상상할 수 없이 빠른 속도로 뭉치고, 원하는 것을 이야기한 뒤 흩어지기 때문에 기업들이 그만큼 긴장할 수밖에 없다.

MZ세대는 요즘 그들의 놀이터 중 하나이던 페이스북을 떠나고 있다. 도널드 트럼프 미국 대통령이 흑인 조지 플로이드 사망으로 촉발된 인종차별 반대 시위에 대해 '약탈이 시작되면, 충격도 시작된다'고 쓴 글을 페이스북이 트위터와 달리 방치했다는 이유에서다. MZ세대의 눈치를 보던 코카콜라와 유니레버 등 대형 광고주들이 페이스북 유료 광고 중단을 발표했고, 이 영향으로 페이스북 주가가 하루 만에 8.3퍼센트 하락하기도 했다. 페이스북은 자사 규범을 위반한 정치적 게시물에 경고 딱지를 붙이겠다고 한발 물러났다.

요즘 세대는 소비를 할 때도 착한 기업에 지갑을 열고 나쁜 기업에 지갑을 닫는 '미닝 아웃Meaning out 소비'*를 추구한다. 2019년 유통업계를 강타한 일본산 불매운동도 그렇다. Z세대의 일본산 불매운동 참여율은 76퍼센트에 달했다. 올리브영, 랄라블라, 롭스 등 헬스앤뷰티H&B 스토어에서는 일본산 화장품을 철수하고, 일부 일본 맥주회사는 국내 편의점에서 전면 철수되기도 했다.

이런 사례는 수없이 많다. 지난해 홍콩 반중 시위와 관련해

● 소비자 운동의 일종으로, 정치적·사회적 신념 같은 자기만의 의미를 소비행위를 통해 적극적으로 표현하는 것을 말한다. SNS에서 해시태그 기능을 사용해 자신의 관심사를 공유하여 사회적 관심을 이끌어내거나, 옷이나 가방 등에 메시지가 담긴 문구나 문양을 넣는 '슬로건 패션' 등 여러 형태로 나타난다.

| 조지 플로이드 사건이 발생하자 나이키가 내건 'For once Don't Do It' 슬로건 |

게임회사 블리자드는 '시위를 지지한다'는 발언을 한 게이머를 징계했다가 회원들이 잇따라 탈퇴하는 수난을 겪었다. 일각에선 서비스 탈퇴를 인증하는 '#블리자드보이콧' 운동을 벌이기도 했다.

사회적 이슈가 발생할 때 적극 대응하는 기업들도 있다. 구찌와 루이비통 등 명품 브랜드는 미국 내 인종차별 반대 시위를 '지지한다'는 입장을 내놓았다. 돌체앤가바나는 흑인인권단체에 기부를 약속하기도 했다. 나이키는 브랜드 슬로건을 'Just Do it(그냥 해봐)'에서 'For once, Don't Do It(이번만은, 하지 마라!)'으로 바꿔 시위대에 지지 입장을 표명하기도 했다. 경쟁사인 아디다스도 나이키의 캠페인을 SNS에서 리트윗해 인종차별을 반대했다.

MZ세대의 가치 소비 트렌드를 겨냥한 마케팅은 패션업계에선 오래된 이슈다. 조금 넉넉한 체격을 가진 사람부터 까무잡잡한 피부, 잡티가 많은 얼굴 등 '사회적 미의 기준'과 거리가 멀던 이들이 패션업계 모델로 속속 등장하는 중이다. 이를 부르는 말도 있다. 있는 그대로의 모습을 보여주는 '보디 포지티브 운동 Body positive(자기 몸 긍정주의)'이다. 미디어와 패션업계가 만들어낸 이상적인 미의 기준을 버리고 있는 그대로의 자연스러운 몸을 받아들이는 일종의 신체해방 운동이다. 170센티미터 이상의 키에 50킬로그램 이하의 몸무게, '44사이즈 모델'들이 떠난 자리를 주변에서 쉽게 보던 친숙한 몸매가 차지하고 있다.

나이키는 2017년부터 본격적으로 '보디 포지티브 운동'을 이끌었다. 근육질 모델을 줄이고, 살집이 있는 여성에게 옷을 입히기 시작했다. 레게머리를 한 흑인 남성, 아시안 여성, 온몸에 문신을 한 모델도 등장했다. 이러한 파격적인 실험에 MZ세대는 지지를 보냈다. 미국 캐주얼 브랜드 타미힐피거는 장애인 모델을 앞세우며, 장애인도 편하게 입을 수 있는 청바지를 선보였다. 실버 모델을 쓰는 명품 브랜드들, 77~88 이상의 빅사이즈 시장에 진출한 패션 브랜드 마이클코어스와 꼼데가르송 등이 겨냥하는 대상도 MZ세대다. '개념 있는 패션 브랜드'로 인지되고 싶은 열망이 담긴 것이다. '빅사이즈'라는 단어도 요즘은 '플러스 사이즈' 또는 '내추럴 사이즈'로 순화됐다.

큰 체격의 모델, 세상에서 가장 검은 피부를 가진 모델 등 기존의 상식을 깬 모델들도 패션업계의 화두다. 미국의 애슐리 그레이엄은 키 175센티미터, 더블엑스트라라지xxl 사이즈의 몸매로 슈퍼모델 반열에 올랐다. 그는 경제 전문지《포브스》가 선정한 '2017년 세계에서 돈을 가장 많이 번 모델'에 이름을 올리기도 했다. 팔로마 엘세서, 캔디스 허핀 등 플러스 사이즈 모델도《보그》,《엘르》등 유명 패션잡지에 등장했다.

MZ세대는 패션에 모든 열정을 쏟는 것 같으면서도 한 축에선 '민낯 패션'을 추구한다. 예뻐 보이는 체형보다 건강을 더 중시하는 소비를 한다. 속옷 분야가 그렇다. 체형 보정을 위해 와이어로 가슴둘레를 옥죄던 디자인은 외면받고 입고 벗기 편한 브래지어가 크게 늘었다. 빅사이즈 속옷, 여성용 사각팬티 등은 2~3년 사이에 판매량이 급증했다.

패션업계뿐만 아니다. 식품과 생활용품에서 MZ세대는 유기농과 건강에 대해 다른 어느 세대보다 관심이 많다. 하인즈 케첩보다 동네 청년이 만든 유기농 토마토케첩을 찾는 식이다. SNS의 지지를 등에 업은 '작고 가치 있는' 브랜드들이 성장하면서 2011년부터 2016년까지 미국의 10대 대형 소비재 브랜드 매출은 220억 달러(약 24조 6,224억 원) 감소했다. 시장 점유율도 3퍼센트포인트 이상 떨어졌다(자료:퓨리서치 조사).

세계 최대 주류기업 디아지오는 대표 위스키인 '조니워커'를 '플라스틱-프리' 한정판으로 내놓았다. 위스키병은 지속 가능한 방법으로 공급되는 펄프를 사용했고, 100퍼센트 재활용할 수 있는 것이 특징이다. 일반적으로 술병을 종이로 만든 경우 안감으로 얇은 플라스틱 필름을 사용하지만 디아지오는 '스프레이 코팅' 방법을 사용했기 때문에 '세계 최초의 플라스틱 없는 종이병'이라고 이야기한다. 디아지오는 본사 조직에 최고 지속 가능경영자를 두고 이 같은 혁신 제품을 끊임없이 개발하며 MZ세대의 소비 패턴을 겨냥하고 있다.

'소셜 임팩트(사회적 평판)'는 산업 전방위에 걸쳐 영향력이 커질 전망이다. 비즈니스와 사회 문제가 관계없다는 시각은 더 이상 유효하지 않다. 전 세계 소비자의 93퍼센트는 사회 환경 문제를 지지하는 브랜드를 사용하겠다는 의지를 밝혔다. 우리나라 소비자 10명 중 8명은 상품을 구매할 때 기업의 사회적 평판에 영향을 받는다고 답한다. 1990년대 준법 경영과 윤리 경영, 자선활동이 기업의 사회적 책임의 전부였다면, 2000년대 이후엔 환경-사회-지배구조를 모두 아우르는 책임 경영과 사회적 책임이 요구되고 있다. 마케팅도 예외는 아니다. 경제적 책임은 물론 사회를 더 나은 방향으로 만들어가야 하는 게 기업의 숙명이라는 이야기다.

무시간성의
예측 불가 소비자들

MZ세대의 특징을 만들어낸 결정적인 두 가지는 인터넷과 스마트폰이다. 이들은 24시간 어디서든 연결될 수 있는 막강한 네트워킹이 깔린 삶을 살아왔다. 여기에 다자간 이미지와 영상을 통해 소통할 기반도 있다. 주류 미디어가 신문과 TV, 라디오이던 시대와는 소비하는 콘텐츠와 대상이 완전히 다르다. 일방향 커뮤니케이션을 통해 소수의 연예인에 열광하도록 강요된 시대는 2000년 초반까지고, 이후 MZ세대는 경계 없는 인터넷과 스마트폰, 영상을 창조하고 퍼뜨리는 역할을 하면서 기존 방송국, 연예기획사 등이 하던 역할을 대신하게 됐다.

유튜브와 인스타그램, 틱톡 등의 채널은 마음만 먹으면 내가 좋아하는 연예인을 서포트하고, 내가 연예인이 될 수도 있는 환경을 만들었다. '내가 아는 진짜 예쁜 언니'와 '내가 아는 진짜 웃긴 형' 등 동네 스타들이 전국, 나아가 글로벌로 뻗어갈 수 있는 힘이 이들에게 생겼다. 기존 연예인들과 유명인들도 이 커뮤니케이션 트래픽에 올라타지 못하면 성공할 수 없다.

24시간 개방된 네트워크 속에 살아온 MZ세대의 라이프 스타일은 '무시간성'이 특징이다. 하루, 일주일, 월 단위로 계획을 쪼개 살던 기성세대의 눈에 이들은 마치 '계획 없이 사는 것'처럼 보일 수 있다. 농경사회와 산업사회 전반에 걸쳐 수백 년간 이어져온 '해 떠 있을 때 일하고, 해 지면 휴식을 취하는' 개념이 무너진 최초의 세대이다.

인간의 본능으로 수백 년간 이어져온 이 같은 '시간의 개념'이 이들에겐 없다. 오히려 잠을 자느라 소비하던 시간을 네트워킹과 지식 공유, 정보 습득의 시간으로 쓰면서 진화하고 있다고 느낀다. 미국 국립수면재단은 밀레니얼 세대를 미국 역사상 가장 수면이 부족한 세대로 꼽고 있다.

24시간 연결되길 희망하는 MZ세대는 끊임없이 정보를 새로 업데이트하기 위해 '셀프 불면'을 택하기도 한다. 짧게 소비되고 잊히는 인터넷 세상 속 콘텐츠처럼 자신의 수면 시간도 온라인에 접속하지 않은 상태일 때 언제든 '쪽잠'을 자는 형태로 달라지고 있는 것이다.

수면 시간이 자율화된다는 것은 시간이라는 개념 자체가 완전히 다르게 재편된다는 뜻이다. 낮과 밤의 경계가 무너지면 낮에는 잘 수 있는 환경이, 반대로 밤에는 깨어 있을 환경이 필요하다. 깨어 있는 수요와 깨어 있는 공급을 연결해 '24시간 소비 활동'이 가능한 환경을 만들어야 한다는 의미다. 영국 기업은 94퍼센트가 이미 자율적 근무시간 제도를 도입했다. 해당 제도를 도입한 직책자의 82퍼센트는 "직원의 생산성, 로열티, 성실성 등 모든 측면에서 개선됐다"고 말한다. 국내에서도 자율 출퇴근제를 도입한 기업이 늘고 있지만 '완전 자율제'를 도입한 곳은 소수에 불과하다.

스마트폰을 손에서 놓을 수 없는 이들의 무시간성은 유행 코드의 성공 방식도 바꿨다. 무한한 콘텐츠의 세계를 헤매던 MZ세대는 언제든 과거 유행한 '어떤 것'을 소환할 수 있다. 소품, 웃긴 영상, 영화 속 캐릭터나 대사 등을 다시 부활시킬 수 있는 이들이다.

이러한 현상은 패션계에서 두드러진다. 2020년 할머니들이 즐겨 입는 옷 같다고 해서 이름 붙여진 '할매 패션'에 빠진 20대가 늘어났다. 꽃 모양을 화려하게 수놓은 스웨터와 발목 원피스, 알록달록 여러 색상을 섞어 짜낸 카디건, 앞코가 둥근 소녀풍의 구두 '메리제인 슈즈' 등이 유행이다. 홍대와 성수동 일대에는 기성 브랜드에서 더 이상 만들지 않는 개성 있는 빈티지 옷을 모아 파는 곳이 늘었다.

동묘 앞도 마찬가지다. 구제패션의 성지로 불리는 이곳에는 거대한 옷 무덤이 있다. MZ세대는 옷 무덤을 파헤쳐 세상에 몇 개 안 남은 개성 넘치는 옷을 손에 넣고자 애쓴다. (코로나19 이전에도) 마스크를 끼고 에코백을 들고, 주머니엔 현금을 두둑이 챙기고서 여행용 캐리어에 옷을 한 보따리씩 담아가는 사람도 많다.

배까지 올려 입는 하이웨스트 스타일, 엄마들이 입던 바지라는 뜻의 '맘핏'도 인기다. 발목이 밴딩 처리된 조거 팬츠와 강렬한 색깔의 오버사이즈 재킷 등 뉴트로 패션 열풍은 식을 줄 모른다. 데님 상의에 데님 바지를 함께 입는 '청청패션', 멜빵바지와 트레이닝복 패션까지 7080세대가 입었을 법한 옷을 지금 MZ세대가 입는다.

누구보다
선한 영향력을 원한다

 MZ세대를 이기적이고 나만 아는 별종이라고 생각한다면 큰 오해다. 10~20대가 대다수인 요즘 팬클럽은 '기부 경쟁'을 펼치고 있다. 기부금뿐만 아니라 생리대, 헌혈증 나눔부터 유기견 보호소 봉사까지 아이디어 전쟁터로 변했다. 자신이 좋아하는 연예인의 생일이 되면 전 세계 팬들이 나서서 길거리 청소를 하기도 한다.

 2000년대에는 공연장 등에 꽃이나 응원 플래카드 대신 기부용 쌀을 보내는 문화가 많았다면, 요즘은 아이템이 헌혈증, 반려동물 사료, 나무 심기 등으로 확대됐다. 여기에는 빠른 정보력을 바탕으로 자신이 열광하는 연예인과 함께 사회적으로 선한 영향력을 끼치고 싶어 하는 심리가 담겨 있다.

2019년 11월, 가수 강다니엘의 팬카페에서는 '생일 기념 서포트' 안내문이 올라왔다. 강다니엘의 생일을 한 달여 앞두고 공동 기금을 모금한 것이다. 온라인 투표를 통해 한국어린이난치병협회에 기부하기로 결정하고, 생일에 1,210만 원을 모아 전달했다(강다니엘의 생일이 12월 10일이다). 이 시기 비슷한 모임이 일곱 곳에서 이뤄졌고, 기부된 총액은 1억 3,000만 원이었다. 강다니엘은 팬클럽의 기부 행렬에 화답해 이후 청각장애 사회복지단체 '사랑의달팽이'에 3,000만 원을 기부했고, 이 사실이 알려지며 팬들은 또다시 소액기부금을 모아 6,500만 원을 기부했다. 십시일반으로 2억 원이 넘는 돈이 기부된 것이다. 강다니엘의 데뷔 이후 3년간 그의 팬덤이 기부한 금액은 7억 원을 넘었다.

온라인 공간에서 주로 이뤄지는 팬덤 기부는 익명의 팬들이 직접 기획하고, 집행한다. 팬카페 운영진이 자체 가이드라인을 만들어 모금 내용과 집행 과정, 이월금 정산 등을 투명하게 공유하기 때문에 선순환 구조를 만들어간다.

이러한 '착한 팬심'은 특히 올해 대한민국 구호단체를 바쁘게 만들었다. 코로나19 확산 과정에서 BTS 팬클럽이 희망브리지 전국재해구호협회에 기부한 금액은 4억 원에 육박했다. 팬들은 코로나19로 방탄소년단의 콘서트가 취소되자 환불받은 콘서트 티켓값을 코로나19 성금으로 기부하기도 했다. 팬덤 기부의 확산으로 전국재해구호협회에 모인 코로나19 기부금은 단일 주제의 모금액 기준 역대 최고를 달성하기도 했다.

MZ세대는 취미활동이나 운동에서도 특별한 의미를 발견하고자 한다. 스웨덴에서 시작해 북유럽을 중심으로 '플로깅'이라는 환경운동이 활발하게 이뤄지고 있다. 이는 영어 단어 조깅Jogging과 '이삭 줍기'를 뜻하는 'plocka upp'이 합쳐진 말로, 걷거나 뛰면서 길에 버려진 쓰레기를 줍는 활동을 의미한다. 쓰레기를 담은 봉투를 들고 뛰어야 하며 또 쓰레기를 줍기 위해 다리를 굽혔다 펴야 하므로 일반적인 달리기보다 칼로리 소모가 많으면서 환경도 보호하는 운동인 셈이다. 플로깅은 한국에도 '줍깅'이라는 캠페인으로 번역되어 들어왔다. 선한 영향력을 끼치며 건강도 챙길 수 있다는 소문이 나면서 부산의 청년 커뮤니티 '부티플(부산을 아름답게 하는 사람들)'은 지난해부터 10개월간 '줍깅 레이싱'을 6회에 걸쳐 진행했다.

아웃도어 브랜드들도 줍깅 행사를 주도하고 있다. 코오롱스포츠는 올 들어 '쓰담쓰담 솟솟'이라는 프로그램으로 쓰레기를 담는 러닝 프로그램을 진행했다. 블랙야크도 산에 버려진 쓰레기를 줍는 '클린 마운틴 365' 캠페인으로 MZ세대를 유혹하고 있다.

지금까지 소비 시장의 새로운 괴물로 등장한 MZ세대의 가치관, 관심사, 라이프 스타일 그리고 소비에 대해 살펴보면서, 우리가 잘못 이해하고 있는 부분들을 짚어보았다. 이제부터는 이 세대의 특성을 이용해 어떻게 이들에게 접근하고 소통해야 하는지를 알아보고자 한다. 다음에 펼쳐지는 MZ세대를 사로잡기 위한 10가지가 도구에 주목해보자.

3장

MZ세대가 열광하는
10가지 도구

오프라인
카리스마

'랜선 라이프'를 즐기는 MZ세대에게 오프라인 매장은 필요 없을까? 그렇지 않다. 오히려 MZ세대는 더 강렬한 경험을 주는 오프라인 매장을 원한다. 온라인에서 얻지 못하는 극강의 서비스와 지적 만족, 경험의 공유를 할 수 있어야 소비로 이어지는 것이다.

온라인 쇼핑이 빠르게 성장하면서 한동안 소비의 키워드는 '쇼루밍Showrooming'이었다. 오프라인 매장에서 제품을 살펴보고 실제 구매는 온라인 사이트에서 한다는 뜻이다. 같은 의미로 매장에서 본 물건을 모바일 기기로 검색하고 구입하는 '모루밍Morooming'이라는 신조어도 생겨났다.

최근에는 오프라인 플래그십에 투자가 늘고 있다. '자라' 등

| 무신사가 만든 패션문화 편집공간
'무신사 테라스'의 내부 모습이다. |

출처 : 무신사 테라스 인스타그램

을 운영하는 세계 최대 패션그룹 '인디텍스'는 올 6월 전 세계 1,200여 개 매장을 철수한다는 계획을 밝혔다. 코로나19 때문만은 아니다. 더 적은 수의 압도적인 플래그십 매장을 만들기로 결정했기 때문이다. MZ세대가 키운 온라인 쇼핑몰 '무신사'는 올 들어 패션문화를 종합한 편집공간인 '무신사 테라스'를 홍대입

구역에 냈다. 레깅스 등 애슬레저 시장의 강자 '안다르'도 올해 삼청동 플래그십 매장을 내기로 했다. 온라인 쇼핑업체의 성장으로 가장 큰 타격을 입은 전통 패션기업들도 오프라인 플래그십 투자를 늘리기는 마찬가지다.

어차피 온라인으로 살 걸 왜 오프라인에 투자하느냐고? MZ세대에게 소비는 필요한 물건을 사거나 단순히 심리적 만족을 채우는 그 이상이다. 그들에게 소비는 자아를 드러내는 수단으로 쓰인다. 판매보다 '경험'에 방점을 둔 공간들이 MZ세대에게 먹힌다. 따라서 기업은 길목 좋은 곳에 평범한 매장 다섯 곳을 여는 것보다, MZ세대의 인스타그램에 저장될 만한 한 곳을 제대로 선보이는 일에 열을 올려야 한다. 이곳이 우리 브랜드의 감성이고, 철학이라는 것을 공간으로 보여주며 설득할 수 있어야 한다. 젠틀몬스터가 화장품 브랜드 '탬버린즈'를 시장에 소개하면서 제품에 앞서 먼저 가로수길 매장을 열어 탬버린즈만의 느낌과 감성을 보여준 전략은 오프라인 매장의 중요성을 제대로 이해하고 활용한 사례다.

MZ세대 소비자에게 압도적인 경험을 줄 공간은 지난해부터 크게 늘어나고 있다. 한정된 기간에 운영하는 팝업 스토어나 편집숍 형태가 아니다. 단독 매장으로 브랜드의 A부터 Z까지 모두 경험할 수 있는 공간들이 마련됐다. 오래된 브랜드, 신생 브랜드 할 것 없이 소비재 브랜드들은 앞다퉈 다양한 체험이 가능하도록 넓은 공간을 확보한 초대형 플래그십 매장을 선보이면서 오프라인에서의 브랜드 카리스마를 세우고 있다.

사지 말고
그냥 즐겨

─────────── 1945년 창립한 국내 최초의 화장품 회사 아모레퍼시픽도 변신 중이다. 2019년 아모레퍼시픽은 서울 성수동에 위치한 자동차정비소를 개조해 신개념 뷰티 라운지 '아모레성수'를 열었다. 특이한 것은 아모레퍼시픽은 이 공간에서 어떤 화장품도 팔지 않는다. 매장에 방문했으면 화장품 하나라도 사서 나와야 할 것 같은 소비자의 부담감을 아예 없앴다.

방문자들은 부담 없이 매장에 들러 자신의 피부 상태를 진단하고, 다양한 화장 제품을 발라보며, 상주하는 메이크업 아티스트에게 화장 기술을 배워가기도 한다. 아모레성수는 오픈 이후 하루 평균 500여 명이 찾는 명소로 자리매김했다. 방문자 가운데는 MZ세대의 비중이 80퍼센트를 넘는다.

아모레퍼시픽은 설화수, 헤라, 라네즈, 마몽드, 에뛰드하우스 등 국내 유명 브랜드 상당수를 보유한 회사다. MZ세대는 브랜드의 인지도나 역사만 있다고 돈을 지불하지 않는다. 자신이 판단했을 때 좋은 이미지라 느끼는 회사, 심리적·정서적으로 교감하고 소통할 수 있는 브랜드에 지갑을 연다. 그러한 면에서 아모레성수는 완전히 새로운 시도였다. 아모레퍼시픽은 이전 세대에게는 '방문 판매' 등의 전통적인 판매 채널을 운영해왔다면, MZ세대에게는 다양한 경험을 제공함으로써 자연스럽게 팬덤을 이뤄가는 시도를 하는 셈이다. 아모레성수에 방문한 이들은 자연스럽게 아모레퍼시픽의 30여 개 브랜드 제품을 체험하고, 이후 온라인으로 제품을 찾아 구매하는 능동적인 소비자로 변한다.

청계산에 위치한
핫플레이스

─────────── 오래된 패션 브랜드도 마찬가지다. 코오롱스포츠는 요즘 '솟솟'으로 불린다. '솟솟'은 1973년 브랜드 런칭 때부터 사용해온 상록수 소나무 두 그루의 로고를 보이는 대로 한글로 표현한 것이다. 코오롱스포츠는 2019년 콘셉트 스토어인 '솟솟상회'와 '솟솟618'이라는 공간을 선보여 화제를 모았다.

서울 종로 낙원상가에 위치한 '솟솟상회'는 기존 매장에서 사용하던 집기들을 리사이클해 내부를 장식하고, 옛날 학교 앞 문구점에서 볼 수 있던 추억의 오락기 등을 배치하는 등 복고풍 인테리어를 살려 MZ세대에게 뉴트로 명소로 인기를 얻고 있

다. 또한 빈티지 상품과 신상품을 적절히 믹스매치할 수 있도록
재판매하는 시스템도 갖췄다.

　'솟솟618'은 청계산 등산로 입구에 위치한 공간으로 청계산
높이(618미터)를 따 붙여진 이름이다. 지하 1층, 지상 1층으로 구
성되어 있는데, 지하 1층에서는 코오롱스포츠 브랜드의 탄생

스토리와 1970년대 헤리티지 상품을, 또 현재의 컬렉션을 모두 만나볼 수 있다. 지상 1층은 에피그램의 올모스트홈 카페와 협업한 공간으로 마련했다. 업사이클 소재를 사용해 직접 제품을 만드는 공간도 있고, 등산 관련 상품을 빌릴 수 있는 렌털 서비스도 운영 중이다.

가구 대신 공간을
제안하다

—————————— MZ세대를 끌어들이기 위한 공간 전략은 가구, 가전 등으로 확대되고 있다. 최근 수면 전문 브랜드 시몬스의 홈페이지에는 '당신이 꿈꾸는 라이프 스타일의 모든 것'이라는 문구가 적혀 있다. 1870년 창립한 매트리스 회사가 갑자기 라이프 스타일 컨설턴트로 나선 것이다. '최고의 잠, 숙면을 선물한다'는 프레임 대신에 '건강하고 새로운 삶을 찾도록 도와줄게'라고 말한다.

시몬스는 2018년 경기도 이천에 복합문화공간이자 라이프 스타일 쇼룸 '시몬스 테라스'를 열었다. 이곳에는 주말이면 하루 평균 3,000명 이상이 방문한다. 시몬스 테라스에는 호텔에서 사용하는 고급 침구부터 150년 시몬스의 역사를 보여주는 전시관까지 있다. 1900년대 초반 사용된 매트리스 원단, 초창기 침대

프레임 등이 전시되어 있고, 전문 큐레이터에게 무료로 설명을 들을 수도 있다. 이곳도 오픈하자마자 MZ세대의 인증샷 명소가 된 것은 당연하다.

그 외 주방가전 브랜드 쿠첸, 안마기기 바디프렌드 등도 구매를 강요하지 않되 브랜드를 자연스럽게 알리는 체험형 오프라인 매장을 선보이고 있다.

프로슈머는
죽지 않는다

2020년 6월 농심켈로그는 공식 유튜브 계정을 통해 '첵스 신제품 시식단 모집'이라는 6초가량의 영상을 올렸다. "미안 미안해, 미안 미안해"라는 태진아의 노래와 함께 '16년을 기다려온 맛이 온다'는 문구도 담았다. 도대체 뭐가 미안하다는 걸까?

농심켈로그에서 7월에 출시한 신제품 시리얼 첵스는 '파맛'이다. '첵스파맛'은 2004년으로 거슬러 올라간다. 농심켈로그는 당시 첵스초코 홍보를 위해 홈페이지에 '첵스초코 나라 대통령 선거 이벤트'를 열었다. 첵스초코에 진하고 부드러운 밀크초콜릿맛을 더하겠다는 밀크초당의 '체키'와, 파를 넣겠다는 파맛당의 '차카'. 두 후보 캐릭터가 선거에 출마해 네티즌 투표를 했다.

당초 농심켈로그 측에서는 어린이들을 대상으로 출시하는

제품이니만큼 밀크초코맛 '체키'의 승리를 예상했다. 하지만 장난기가 발동한 어른들이 '차카'에게 투표를 했고, 차카는 큰 표차이로 체키를 앞서게 된다. 당황한 농심켈로그는 "일부 네티즌이 부정적인 방법으로 투표했다"는 사실을 보완업체를 통해 확인하고, 일부 표를 무효 처리하는 동시에 ARS 투표와 현장 투표방식을 추가했다. 결국 이 선거에서 체키가 승리했고, 16년째 첵스초코 나라의 대통령직을 이어오고 있다.

이후 온라인에서는 이 선거가 '부정선거'였다는 내용을 꾸준히 제기해왔다. 첵스 대선 15주년이던 2019년에는 트위터에 'PrayforChex' 해시태그를 단 트윗이 수천 번 리트윗됐고, 체키의 탄핵을 요구하는 국민청원까지 올라올 정도였다. 농심켈로그가 진행하는 다른 이벤트에도 출시에 대한 요청이 끊이질 않았다. 이에 농심켈로그는 16년 만에 첵스파맛을 내놓는다고 예고했으며, 네티즌들은 "16년 만에 민주주의가 실현됐다"며 환호했다.

첵스파맛은 3개월간 판매한다는 한정판이 나오자마자 완판행진을 이어갔다. 대형마트 매대도 모처럼 신났다. 첵스파맛은 시리얼 코너가 아닌 신선식품 채소코너의 대파 옆에 진열되는 이색적인 모습도 보였다. 시식 체험단의 후기 공유는 물론 우유, 크림수프, 곰탕, 라면, 떡볶이와 돈가스에 넣어 먹는 방식 등 이색적인 레시피가 공유되며 유튜브와 인스타그램 등을 뒤덮었다.

│ 농심켈로그의 신제품 시리얼 첵스파맛의 시식단 모집 광고와
16년 만에 출시된 첵스파맛의 제품 이미지 │

첵스파맛 열풍은 프로슈머Prosumer[*]뿐만 아니라 소비자가 창작자가 되는 모디슈머Modifsumer[**] 트렌드가 얼마나 강력한 마케팅 도구가 될 수 있는지 보여주는 대표적인 사례다. 식품업계에선 수년 전부터 흔한 일로 제품을 내놓는 동시에 블로거와 SNS의 '자가발전'이 어떻게 이뤄지는지를 주시한다.

농심은 라면의 주요 소비층인 1020세대가 창작 요리 인증샷에 익숙하다는 점에 착안하여 자사 홈페이지에 '누들푸들'이라

● '생산자'를 뜻하는 'producer'와 '소비자'를 뜻하는 'consumer'의 합성어로, 생산에 참여하는 소비자를 의미한다.

●● 수정하다는 뜻의 'modify'와 소비자라는 뜻의 'consumer'의 합성어다. 새로움을 추구하는 체험적 소비자로 제조업체가 제시하는 방식에서 벗어나 사용자 자신만의 방식으로 제품을 활용한다.

는 챕터를 따로 만들어 다양한 퓨전 면요리 레시피를 정리해놓았다. 브로콜리 토마토 강황 쌀국수, 핫바 마라탕면 등 자사 제품을 활용해 만든 실험적인 메뉴가 올라와 있다. 소비자들은 이를 보고 따라 만들어본 다음, 댓글로 맛 평가와 레시피에 대한 조언을 활발하게 단다. 짜파구리도 여기서 먼저 나온 아이디어다.

단종됐거나 인기가 시들해진 제품도 모디슈머 열풍을 타고 재출시되거나 베스트셀러 자리를 차지하기도 한다. 앙금과 롯데제과 제품 '빠다코코낫'을 재료로 한 DIY 디저트 '앙빠'가 입소문을 타면서 빠다코코낫은 품귀 현상을 빚었다. 또한 2016년 출시 당시 큰 인기를 모은 오리온의 과자 '치킨팝'은 공장 화재로 생산라인이 소실되어 불가피하게 단종됐다가 3년 만에 재출시됐다. 그동안 소비자들의 끊임없는 재출시 요청이 만들어낸 결과다. 이처럼 MZ세대는 자신들이 제품이나 서비스의 팬이 되어 생산과 출시에도 적극적으로 관여한다.

소비자들은 팔도 비빔면이나 삼양식품 불닭볶음면 등 인기 제품에 대해 "양념장을 따로 출시해달라"는 등의 요구를 하고, 실제 기업들은 이를 제품화하기도 한다. 하이트진로음료의 토닉워터는 1976년 출시된 이래 위스키나 보드카 등 양주를 판매하는 주점에서 주로 팔리던 제품이다. 43년간 매출 100억 원을 못 넘다가 MZ세대를 중심으로 소주에 타 먹는 '쏘토닉'이 열풍을 일으키면서 지난해부터 200억 원대 매출을 올리고 있다. 이에 하이트진로음료는 아예 칼라만시, 애플 등의 향을 넣은 신제품을 내놓기도 했다.

MZ세대는 자신들이 열광한 레시피가 정식 제품 또는 한정판으로 출시되면 자신의 블로그, SNS, 유튜브 등에 거침없이 리뷰를 하고 마케팅을 펼친다. 이처럼 제품 출시 과정에 관여하면서 컨슈머에서 모디슈머로, 모디슈머에서 팬슈머Fansumer*로 진화하는 과정을 거친다.

● 직접 투자 및 제조 과정에 참여해 상품, 브랜드를 키워내는 소비자를 일컫는 용어로, fan과 consumer의 합성어다.

'레트로'라는
마법 상자

    '레트로'와 '뉴트로'는 MZ세대의 무시간성이 가져온 특징이다. 이제 언제, 어디서, 무엇이 다시 뜰지 모른다.

    요즘 '랄뽕'이라는 말이 있다. 왼쪽 가슴에 로고가 박힌 피케 셔츠, 옥스퍼드 셔츠 등 1990년대 중후반을 강타한 '폴로 랄프로렌 룩'을 다시 입는다는 뜻이다. 인스타그램에 '랄뽕'을 검색하면 14만 건이 넘는 게시물이 나온다. 패션 유튜버 사이에서도 '랄뽕 룩 입는 법'을 공유하는 게 유행이다. 청바지나 면바지에 단정한 셔츠 차림, 니트 스웨터에 면 스커트 등 옛날 청춘드라마 속 전형적인 모범생처럼 느껴지는 말쑥한 옷차림이다. 젊은 세대 사이에서 인기를 반영하듯 폴로 랄프로렌은 최근 1020세대의 주요 패션 플랫폼 무신사에도 입점했다. 그러면서 유사한 브랜드인 타미힐피거, 빈폴 등도 덩달아 인기다.

'랄뽕'과 같은 사례는 이전에도 있었다. 자라, H&M, 유니클로 등 패스트패션(최신 트렌드를 즉각 반영하여 빠르게 제작하고 유통시키는 의류)에 피로감을 느낀 MZ세대는 트렌드 시간여행을 즐긴다. 과거의 어느 시대로 돌아가 '대유행' 혹은 '몰개성'이라 불리던 한 시점의 코드를 소환한다. 당시 국민의 50~90퍼센트가 알던 브랜드와 문화, 콘텐츠는 MZ세대에겐 기적과도 같은 일로 조명된다.

현재는 모든 유행의 주기가 짧고, 소비하는 콘텐츠도 빠르게 휘발하기 때문에 요즘 세대는 이에 대한 반작용으로 옛 시절의 헤리티지에 집착한다. 디지털 네이티브인 MZ세대에게 디지털 피로감을 탈출할 통로는 과거의 것들이다. 늘 새로운 것을 찾아 헤매고, 그것을 재해석하는 데 능한 이들에게 오래된 것들은 매력적인 요리의 재료다. 디지털 네이티브들은 인터넷에서 봤거나, 부모세대로부터 '들은' 것들을 직접 경험하기 위해 찾아 나선다.

마찬가지로 MZ세대가 찾아다니는 곳은 '오래된 곳'이다. 기성세대의 발길이 끊어진 허름한 골목길, 낡디낡은 노포 등 이들은 삼촌과 이모가 20대를 보내던 시기를 탐닉하며 변하지 않는 것들의 존재에 대해 생각한다. 그렇게 을지로를 '힙지로'*로 만들고, 30년 전 유행한 운동화를 다시 신으며, 유튜브에서 '온라인 탑골공원'●● 영상을 찾아본다. LP판이 다시 팔리기 시작하고, 오늘도 동묘 앞 중고시장은 마스크를 낀 채 낡은 옷 숲을 뒤지는 10대, 20대로 넘쳐난다.

● 　새롭고 개성 있다는 뜻의 '힙'과 을지로의 '지로'를 합친 말이다.
●● 　'온라인'과 노년층이 많이 모이는 서울 종로의 '탑골공원'을 합친 신조어로, 1980~90년대에
　　출생한 이들이 주로 몰려드는 음악방송 콘텐츠를 가리킨다. 유튜브 같은 동영상 플랫폼에서
　　1990~2000년대 음악방송이 실시간 스트리밍되는 것이 인기를 끌며 시작됐다.

모든 길은
인스타그램으로 통한다

MZ세대에게 소비의 완성은 물건과 영수증을 받아들 때가 아니다. 구매한 물건을 찍어 인스타그램 등 SNS에 올리는 순간이 바로 소비의 완성이다. 이는 패션, 뷰티, 외식 등 모든 분야에서 공통적으로 나타나는 현상이다. 따라서 무엇이든 '인스타그래머블'해야 한다. 선물을 배달받으면 선물을 준 사람에게 "고맙다"라고 말하는 대신 인증샷을 찍어 자신의 SNS에 올리며 "○○야, 고마워"라고 팔로워들에게 먼저 알리는 것이 요즘의 모습이다.

카페와 음식점에 놓인 의자가 점점 높아지는 이유도 여기에 있다. 일명 '항공샷'으로 식탁 전체의 이미지를 감각적으로 담기 위해서는 테이블보다 의자가 높은 것이 더 편하고 사진도 잘

나오기 때문이다.

자아를 반영하는 인증샷 열풍이 가장 거센 분야는 여행이다. 여행은 자신을 나타내고, 과시하고, 기록하며 온라인 자아의 종합편 정도로 여겨진다. 코로나19 이전까지의 이야기지만 MZ세대는 역사상 가장 많이 여행을 다닌 세대로 기록될 것이다.

MZ세대가 여행을 많이 할 수 있었던 데에는 일단 항공료가 싸졌기 때문이다. MZ세대가 성인이 되거나 경제활동을 시작할 무렵부터 저가 항공사가 크게 늘었다. 직장에서도 연차 소진을 권유하고, 상사 눈치 보지 않고 자율적으로 휴가 기간을 정할 수 있는 문화가 번졌다. 에어비앤비 등의 스타트업이 등장해 호텔에 비해 더 자유롭고 싼 가격에 숙박을 할 기회도 열렸다. 항공료와 숙박료를 한번에 검색하고 비교할 수 있는 스카이스캐너, 익스피디아, 아고다 등이 등장했고, 구글맵은 스마트폰만 있으면 세상 어디든지 내 집처럼 찾아다닐 수 있는 가이드가 됐다.

이 모든 건 24시간 네트워크에 '접속 중'인 MZ세대에게 특혜와 같은 일이었다. 옛날 세대는 일 년에 몇 차례씩 해외에 다녀오는 MZ세대에게 '돈을 너무 헤프게 쓴다', '언제 돈 모아서 집 살래', (극단적으로) '외화 낭비한다' 같은 이야기를 하지만 정작, MZ세대에게 휴가 때 해외여행을 가는 건 '싸고, 특별하지 않고, 합리적인 소비'로 자리 잡았다.

거부감 없이 해외 어디든 돌아다닐 수 있는 특권은 언어에서 온 것이기도 하다. 대한민국 MZ세대의 영어 실력은 학벌과 직업의 여부를 떠나 디폴트가 된 지 오래다. 이들이 해외에서 SNS에 올리는 음식, 관광지, 현지 정보 등은 이미지 소비를 하는 또 다른 MZ세대에 자연스럽게 옮겨간다. 한 장의 사진에 이끌려 단 한 장의 인생샷을 남기기 위해 비행기 티켓을 사는 게 지금의 세대다.

MZ세대는 특정 브랜드, 공인된 품질보증서보다 내가 팔로우하는 인플루언서의 인스타그램 피드에 소개된 옷, 음식, 화장품, 여행지에 더 관심을 갖는다.

인스타그램은 개인의 일상을 공유하는 SNS로 시작했지만 현재 거대한 쇼핑 플랫폼이 됐다. 초밀착형인 인플루언서들은 옷부터 화장품, 생활용품과 건강식품까지 수많은 상품을 거침없이 팔고 있다. 인스타그램코리아에 따르면 국내 인스타그램 이용자 가운데 35퍼센트는 인스타그램을 통해 제품과 서비스를 구매해본 적이 있다. 이용자 중 85퍼센트는 인스타그램에서 제품에 대한 자세한 정보를 검색했고, 63퍼센트는 링크된 제품의 웹사이트나 앱에 접속한 경험이 있다.

인플루언서 시장 규모는 올해 100억 달러를 넘어설 것이라는 전망이 나온다. 수십만 팔로워를 가진 메가 인플루언서 외에도 마이크로, 나노 인플루언서까지 합치면 이 시장의 성장 가능성

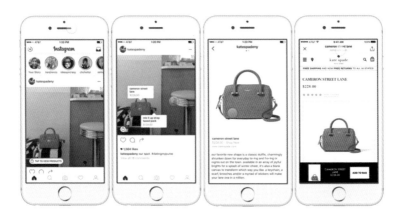

인스타그램은 사진에 태그된 제품을 클릭하면 해당 계정이 정해준 구매 페이지로 연동되도록 했다.

은 무한대다.

이미지에 매혹되어 구매로 이어지는 인플루언서 마케팅은 결국 세분화된 취향과도 맞물려 있다. 나와 취향이 맞는, 혹은 내가 비슷해지고 싶은 심리를 건드린다. 전문가도 아니고, 아는 브랜드도 아니지만 "써보니까 좋아요"라는 공식으로 MZ세대를 유혹한다. 이미지에 한번 빠져들면 제품의 품질을 떠나 구매가 이뤄질 수 있다는 이야기다.

댓글과
후기

MZ세대를 매혹하는 두 가지 상반된 도구가 있다. 바로 이미지와 댓글이다. MZ세대는 감성적인 소비와 이성적인 소비를 동시에 한다는 이야기다. 온라인 쇼핑몰에 들어갔을 때 MZ세대는 스크롤을 빠르게 내린다. 콘텐츠는 스킵해도 댓글은 꼼꼼하게 읽는다. 국내 시장조사 기업인 엠브레인 트렌드모니터에 따르면, 성인 남녀 1,200명 중 78.6퍼센트는 제품을 구매할 때 소비자 리뷰를 본다고 한다.

MZ세대는 광고와 후기를 기가 막히게 구분한다. 국내 뷰티 앱 1위인 '화해'와 2위인 '글로우픽'은 리뷰를 기반으로 성장한 대표적인 비즈니스 모델이다. 써본 사람이 솔직한 후기를 남긴 것들이 제품의 랭킹을 매기고, 이 랭킹은 또 다른 구매와 리뷰로 이어진다.

구매의 기준이 광고가 아닌 댓글의 양과 그 수준이라는 것은 뷰티, 식품, 패션 등의 모든 산업에 해당한다. 모호하게 '좋아요'가 아닌 왜 좋은지, 왜 나쁜지, 어떤 면은 개선해야 할지 다각도로 분석하는 프로 리뷰어들이 기업과 제품의 생사를 가르는 요인이 됐다는 의미다.

이러한 이유로 MZ세대는 역사상 가장 똑똑한 소비자로 불리기도 한다. 지금 당장 유행하는 화려한 제품이 아니라 안전하고 몸에 좋은 것을 선호하는 소비자이기 때문이다. 정보 검색과 평가에 능한 이들은 제품을 고를 때에도 인터넷 최저가로 검색하고, 리뷰를 실시간 검색하는 능력이 장착되어 있다. 면세점 사이트마다 장단점, 매장별 할인 정보까지 꿰뚫고 있는 이들은 댓글 아래 또 댓글을 달며 마치 인공지능처럼 새롭게 학습하고 진화한다.

이런 소비 성향은 MZ세대가 브랜드나 제품에 대한 신뢰를 형성하는 근거가 '진정성'이기 때문에 나타난다. 대학내일에 따르면 MZ세대는 연예인(26.6퍼센트)보다 유튜버(73.4퍼센트)가 알려주는 정보를 더 신뢰한다. 일방향의 TV 혹은 전통 매체 광고가 예전만큼 영향력을 발휘하지 못한다는 이야기다. 신제품이 출시되면 TV 광고보다도 온라인 매체 관리와 유튜브 후기 조회수, 해시태그 개수에 더 많이 신경 써야 하는 환경이 됐다. '댓글 알바', '리뷰 알바'라는 직업이 생기는가 하면, '리뷰 알바 교육과정'까지 등장했다. 대부분 신규 제품이 출시되면 전문 알선 업체가 일반인을 모집해 제품 사진을 찍고 해시태그를 달아 SNS에 업로드하고 알바비를 지급받는 형태다.

대기업은 물론 중소 자영업자까지 댓글 관리에 나서면서 댓글 관리와 고객 관리는 장사의 기본, 비즈니스의 뼈대가 됐다. 같은 맥락에서 진정성 없는 가짜 댓글을 발라내는 MZ세대의 노하우도 늘었다. 제품을 순식간에 매장시키거나, 죽어가던 브랜드를 되살리는 것도 댓글이다. 역사상 가장 많은 정보를 손에 쥐고 가장 똑똑해진 소비자가 MZ세대다.

MZ세대가 올리브영, 랄라블라 같은 드러그스토어에 자주 가는 이유 중 하나는, 인터넷으로 얻은 정보를 눈치 보지 않고 체험할 수 있는 공간이기 때문이다. 백화점이나 로드숍처럼 문을 열고 들어서는 순간 직원의 응대를 받지 않고 자유롭게 시간을 보낼 수 있다는 점이 주효했다. 자라, H&M, 유니클로 등 패스트패션 브랜드가 대형매장을 열고 수백 벌의 옷을 마음껏 입어볼 수 있도록 해 빠르게 1020세대의 지지를 얻은 것도 같은 이유다.

아모레퍼시픽의 이니스프리 브랜드는 MZ세대의 이 같은 특성을 반영해 직원의 도움이 필요한 사람, 그렇지 않은 사람을 구분할 장치를 매장에 만들었다. '도움이 필요해요'를 선택한 손님에게는 직원이 친절히 응대하고, '혼자 볼게요'를 선택한 손님에게는 다가가지 않는 것을 원칙으로 했다.

개념 탑재 :
뿌듯함을 사다

인증샷 중심의 소비 문화는 '개념 소비'의 뿌리가 되기도 한다. 재활용 소재를 사용한 제품, 비건 음식 등이 잘 팔리는 것도 이러한 이유다. MZ세대는 소셜미디어를 통해 윤리적인 소비를 하고 있다는 것을 끊임없이 알리고, 이에 대한 정보를 얻어 또 퍼뜨리는 역할을 한다.

MZ세대는 환경과 사회 문제에 민감하다. 이 모든 걸 고려해 상품과 서비스를 구매한다. MZ세대는 디지털 환경을 통해 소비를 주도한다. 2019년 최연소 노벨평화상 후보로 추천된 스웨덴의 청소년 환경운동가 그레타 툰베리*는 Z세대가 '환경 문제'에 얼마나 민감한지 잘 보여주는 사례다. 그레타 툰베리의 문제 제기를 지지하고 공감하는 Z세대가 늘면서 그의 인스타그램 팔로워는 200만 명에 육박한다.

음식 소비 문화에도 의미 있는 소비를 해야 한다는 MZ세대가 늘고 있다. 국내 채식 인구는 2008년 15만 명에서 최근 약 200만 명 안팎으로 급증했다. 전국에 비건 전문 식당이 300여 곳으로 늘었다. 초기 단계지만 일부 레스토랑에서는 '비건 메뉴'를 따로 내놓고 있다. 비건 베이커리도 등장했다. 채식주의자를 위해 레스토랑을 찾아주는 앱과 비건 전용 쇼핑몰도 나왔다.

이와 함께 늘고 있는 건 식물성 단백질 시장이다. '대체육 시장'으로도 불리는 식물성 단백질 시장이 2029년 전 세계 육류 시장의 10퍼센트에 달하는 1,400억 달러에 이를 것이라는 전망이 나온다(출처:바클레이즈 통계). 실리콘밸리에서는 수년 전부터 관련 기술과 기업이 빠르게 늘고 있다. 대표 기업인 비욘드미트와 임파서블푸즈는 시가 총액만 수조 원에 이르는 기업으로 성장했다. 네슬레, 켈로그, 타이슨푸드, 카길 등 글로벌 식품제조사와 맥도날드, 버거킹, 스타벅스 등 대형 외식 기업도 이미 대체육 기업과 손잡고 제품을 빠르게 내놓고 있다. 지속 가능성을 염두에 둔 식물성 단백질 시장에 빠르게 진출해야 MZ세대의 소비 코드를 따라갈 수 있다는 위기감이 작용한 것이다.

● 그레타 툰베리는 2018년 8월 학교를 빠지고 스웨덴 국회의사당 앞에서 기후 변화 대책 마련을 촉구하는 1인 시위를 벌였고, 이 시위는 전 세계 수백만 명의 학생이 참가하는 '미래를 위한 금요일' 운동으로 이어졌다.

화장품과 패션에도 '비거니즘'이 확산하고 있다. 완벽한 채식주의를 뜻하는 비거니즘은 해외에서 이미 유행처럼 번지고 있다. 미국의 25~34세 중 25퍼센트가 채식주의자다. 먹는 것뿐만 아니라 바르고 입는 것까지 모두 '탈동물'을 선호한다.

미국 시장조사기관 그랜드뷰리서치는 세계 비건 화장품 시장이 연평균 6.3퍼센트씩 성장해 2025년 208억 달러에 이를 것으로 내다봤다. 올리브영의 2019년 비건 화장품 매출액은 전년보다 약 70퍼센트 증가하기도 했다. 동물성 원료를 사용하지 않은 완전한 비건 화장품도 있고, 동물 실험을 하지 않았다는 뜻의 '크루얼티 프리Cruelty free' 화장품도 있다.

화장품에는 그동안 동물 성분이 많이 들어 있었다. 양털 추출 기름인 라놀린, 동물성 지방에서 추출하는 글리세린, 상어에서 추출하는 보습제 성분 스쿠알렌, 동물의 조직에서 추출하는 콜라겐 등이다. 미국 메이크업 브랜드 '아워글래스'는 제품의 90퍼센트가 비건 화장품으로 올해까지 전 제품의 비건을 선언했다.

국내 면세점에서도 2019년 분기당 60억 원대 매출을 기록할 정도로 화제를 모았다. 국내 화장품 회사들도 빠르게 움직이고 있다. 천연화장품 브랜드 '보나쥬르'는 영국 비건단체 인증을 받았다. '코스맥스'는 생산 설비의 비건 생산 인증을 프랑스 인증기관으로부터 받았고, '클라랑스'는 10대를 위한 비건 라인 '마이 클라랑스'를 선보이기도 했다.

먹고 바르는 것에서 확장되어 패션에도 비건 경쟁이 치열하다. 한지를 이용한 종이가죽, 코르크나무 껍질을 벗겨 만든 코르크 가죽, 버섯으로 만든 가죽 마일로 등 동물 가죽이나 모피보다 훨씬 가볍고 내구성 좋은 소재들을 잇따라 개발하고 있다. 폴리에스터를 활용한 '페이크퍼Fake fur'는 3년 전부터 겨울 패션 업계를 강타한 '잇템'이었다.

소재의 개발 비용이 비싸고, '개념 소비'의 측면이 강하다는 이유로 비건 패션은 고가의 명품에서 먼저 시작됐는데, 최근에는 매스티지Masstige* 브랜드로 확장되고 있다. 동물복지단체들은 세계 주요 패션 브랜드가 어느 정도 환경을 생각했는지 순위 매기는 작업을 하기도 한다.

가장 친환경적인 브랜드로는 '파타고니아'를 들 수 있다. 아웃도어 스포츠 브랜드인 파타고니아는 "이익을 내고 환경을 위해 쓴다"는 철학과 함께 유기농, 친환경 재료와 공정무역을 지향한다. 심지어 환경을 위해 "옷을 사지 말라"고 말하기도 한다. 창업자인 이본 취나드는 캘리포니아주 요세미티 거벽 등반의 황금시대를 개척한 유명한 산악인이자 세계적인 환경운동가로, 파

● 대중mass과 명품prestige product을 조합한 신조어로, 비교적 값이 저렴하면서도 감성적 만족을 얻을 수 있는 고급품을 소비하는 경향을 의미한다.

| '본 제품을 사지 말라'고 말하는 파타고니아 광고 |

타고니아의 철학에는 그의 경영 철학이 고스란히 녹아 있다.

파타고니아는 '아웃도어계의 구찌'라 불릴 만큼 고가이면서도 인기가 많다. 특히 파타고니아의 플리스 조끼는 월스트리트가 금융인들 사이에서 단체복으로 유행할 정도였다. 2019년 파타고니아가 다음과 같은 성명서를 내며 월스트리트를 당황하게만들기 전까지 말이다.

이제부터는 환경보호에 우선순위를 두는 기업과 'B-코퍼레이션' 인증을 받은 기업에 판매하는 데에만 초점을 맞추겠습니다.

판매가 제한되면서 플리스 조끼의 구매가 가능한 기업의 직원들은 그렇지 못한 이들의 부러움을 샀다. 월가 기업의 이미지로 인해 파타고니아의 이미지까지 나빠지는 것을 막으려는 이 마케팅 전략이 먹히면서 파타고니아는 MZ세대에게 더욱더 호응을 얻었다.

파타고니아는 환경을 위해 버려진 페트병을 재활용한 폴리에스터 원단을 개발했을 뿐만 아니라 전체 매출의 1퍼센트를 전 세계 800여 곳 풀뿌리 환경단체를 지원하는 데에 사용하기도 한다. 그리고 이를 '지구를 위한 세금'이라고 말한다.

지구에 가장 좋은 선택이 결국 회사에도 큰 이익을 준다.

파타고나아 전 세계 지사들도 이 같은 철학을 함께 구현해나가며 MZ세대의 열렬한 지지를 얻고 있다.

화장품 제조사 '러쉬'는 무광고, 무포장, 천연재료라는 3대 원칙을 그들의 제품과 서비스에 일관성 있게 적용하고 있다. 환경과 인권에 관한 엄격한 수호자라는 개념을 지켜나가면서 변변한 광고활동 없이도 자신들의 브랜드를 훌륭히 성장시키는 중이다. 여성의 사회적 불평등과 싸우고 있는 '도브'의 철학은 여성의 아름다움에 대한 새로운 기준을 제시하면서 이너 뷰티의 개념을 탑재하고 있다.

이처럼 공공의 선과 맞닿아 있다면 그것이 어떤 개념이어도 괜찮다. 환경, 인권, 동물보호, 건강, 이웃사랑. 크기와 상관없이 일관성 있게 전달되고 실행된다면 MZ세대의 박수를 받을 수 있다.

10초 안에 사로잡는 '밈'의 과학

MZ세대 소비자들을 유혹하기 위해서는 길면 안 된다. 무시 간성을 사는 MZ세대는 짧은 콘텐츠를 생성하고 퍼뜨리는 '밈 Meme' 문화를 주도한다. 밈은 진화생물학자 리처드 도킨스가 1976년 저서 『이기적 유전자』에서 처음 제시한 용어로, 문화적 요소들이 유전자처럼 복제되는 의미로 사용됐다. 이것이 최근 에는 단순히 복제하거나 따라하는 것이 아니라 재가공하고 재 해석하는 식으로 바뀌고 있다.

'1일 1깡', '식후깡', '깡지순례' 등 2020년 상반기를 강타한 '깡 열풍'은 밈 문화의 대표적인 현상이다. 〈깡〉은 2017년 12월 가 수 비가 내놓은 미니 앨범 '마이 라이프애MY LIFE愛'의 타이틀곡 으로 앨범 발매 당시 과장된 춤과 세련되지 않은 콘셉트로 혹평을 받았다. 그런데 3년이 지나 유튜브와 각종 SNS에서 패러디되며 재조명되더니 급속도로 인기가 확산됐다. 처음에는 퍼포먼스를 따라하는 커버댄스에서 시작해 특정 표정이나 동작을 모방하고 편집하는 다양한 콘텐츠로 변화했다. 〈깡〉의 팬을 뜻하는 '깡팬', 성지순례하듯 〈깡〉 콘텐츠를 찾아다닌다는 '깡지순례', 〈깡〉이 갑자기 명곡으로 들린다는 '깡각증세' 등의 신조어도 나왔다. 〈깡〉의 공식 뮤직비디오는 뒤늦게 조회수 1,900만을 넘어섰다(2020년 9월 기준). 이렇게 사라졌던 비의 뮤직비디오가 다시 살아난 이유는 MZ세대의 무시간성과 연관이 있다.

2020년 전국을 강타한 지코의 〈아무 노래〉 역시 밈 문화의 대표적인 현상이다. 1월 13일 공개된 직후 〈아무 노래〉의 춤과 멜로디는 급속도로 퍼져나가더니 가요계에 정말 오랜만에 등장한 국민송이 됐다.

〈아무 노래〉를 아무 노래가 아니게 만든 건 다름 아닌 '아무 노래 틱톡 챌린지'로, 이는 노래의 앞부분 안무를 따라하는 댄스 챌린지다. 안무가 어렵거나 동작이 크지 않아서 누구나, 어디서든 쉽게 따라할 수 있다는 게 핵심이다. 아무 노래 챌린지는 이효리, 청하, 화사, 송민호 등 연예인은 물론 전 세계 K팝 팬들이 참여하는 세계적 트렌드가 되며, 이와 관련된 틱톡 영상이 8억 뷰를 돌파했다. 〈아무 노래〉 신드롬은 틱톡과 챌린지 문화가 만들어낸 대표적인 마케팅 성공 사례라 할 수 있다.

'짧아서 확실한 행복'이라는 슬로건을 내건 틱톡은 짧은 영상 전용 콘텐츠 플랫폼으로, 15초에서 1분 사이의 '숏폼 콘텐츠'가 많다. 150개국에서 74개 언어로 서비스되고 있으며, 현재 10억 명 이상이 사용하고 있다. 그중 10~20대 이용자가 가장 많다.

틱톡이 1020세대를 사로잡은 결정적인 이유는 무엇일까? 틱톡은 몇 번의 클릭만으로 쉽게 만들 수 있으며, 배경음악이나 화면 효과 등을 자유롭게 영상 편집할 수 있다. 그러면서 다른 콘텐츠를 모방하고 재창조하는 밈 현상의 주축이 되는 순간 핵인싸가 될 수 있다. '누가 먼저 시작했는가'는 MZ세대에게 중요하지 않다. '오리지널'의 가치보다는 이를 더 재밌고 신선하게 재생산해내는 패러디에 더 가치를 둔다.

밈 현상은 유행어에서도 마찬가지다. '묻고 더블로 가', '사딸라' 등의 유행어는 온라인 커뮤니티에서 2006년 영화 〈타짜〉, 2002년 드라마 〈야인시대〉 등에 나왔던 한마디 대사를 따와 확대 재생산하며 시작됐다. 대사의 주인공인 배우 김응수와 김영철은 10여 년 전 캐릭터를 다시 연기하며 버거킹, BBQ 등의 유명 브랜드 광고 모델이 되기도 했다. 자신들이 주목한 스타들이 주류 문화로 자리 잡는 과정에서 MZ세대는 희열을 느낀다.

잘 떠먹여주는
별별 큐레이팅

다채로운 취향의 MZ세대는 지난 10년간 굵직한 온라인 편집숍들을 만들어냈다. 국내 10번째 유니콘 기업(기업 가치가 10억 달러 이상인 비상장 스타트업 기업)인 무신사는 신발 덕후가 만든 온라인 커뮤니티에서 출발해 연 매출 1조 원의 기업이 됐다. 동대문 의류를 모아 파는 쇼핑 플랫폼 지그재그도 4년 만에 누적 거래액 1조 8,000억 원을 달성했다. 스타일쉐어와 29CM, W컨셉도 고속 성장한 온라인 편집숍이다.

무신사에는 상품 수만 26만 개가 넘으며, 지그재그에는 쇼핑몰 3,600여 곳이 있다. 이러한 온라인 편집숍들은 자신의 취향을 입력하면 추천 상품이 뜨는 서비스는 기본으로 마련되어 있다. 여러 쇼핑몰에 돌아다닐 필요 없이 한 곳에서 다양한 상품을 살펴볼 수 있는 MZ세대의 온라인 백화점이 된 셈이다. 유명 브랜드 제품이라는 가치보다 개성을 더 중시하는 MZ세대를 겨냥해 랭킹을 매기고, 취향에 맞게 큐레이션한 것이 맞아떨어졌다.

지그재그의 데이터 클러스터는 사용자들의 행동 패턴에 맞춰서 실시간으로 그 형태가 달라진다. 지그재그는 이를 '다이내믹 클러스터'라고 부른다. 과거 지그재그는 10대, 20대, 30대 등 연령별로 분류되는 클러스터 안에 러블리, 오피스룩같이 스타일 콘셉트를 구성해 사용자를 매칭했다. 그랬더니 천편일률적인 바이어스가 생기는 문제가 발생했다. 이를 보완하여 좀 더 취향 존중 서비스로 개편해 만든 것이 '다이내믹 클러스터'다. 사용자들이 상품을 클릭하고, 즐겨찾기를 추가하는 과정에서 더 많은 데이터를 모으고, 접속할 때마다 달라지는 화면과 상품 우선순위를 노출하도록 했다. 따라서 클러스터는 살아 있는 생물처럼 끊임없이 변한다.

유통과 패션, 식품 대기업들도 최근에야 뛰어들기 시작한 미디어 커머스에 이들은 일찌감치 진출해 그들만의 언어를 만들었다. 온라인 커뮤니티에서 출발한 무신사는 미디어와 쇼핑을 결합해 처음부터 길거리 패션을 어떻게 스타일링하는지, 한정판 제품의 스토리는 무엇인지, 브랜드는 어떻게 탄생했는지 등을 상세히 설명하고 쇼핑으로 연결했다.

MZ세대는 이제 이러한 온라인 편집숍에서 무엇이든 살 준비가 됐다. 기존 대기업들은 무신사와 29CM 등을 찾아가 협업을 제안했다. 하이트진로의 한정판 참이슬백팩 굿즈는 무신사에서 단독 판매해 400개가 5분 만에 다 팔렸다. 스파오의 한정판 펭수 티셔츠도 500벌 추첨 판매에 1만 명이 몰렸다. 농심 너구리와 패션 브랜드 TBJ가 협업한 '집콕셋뚜' 후드티는 2분 만에 완판되기도 했다.

실시간으로 소통하는
라이브 커머스

동영상 시청과 모바일 쇼핑이 일상이 된 2020년, 코로나19는 '라이브 커머스'에 불을 지폈다. 라이브 커머스는 온라인상에서 실시간 라이브 방송으로 제품을 소개하고 판매하는 방식으로, 매장에 가지 않고 실시간 댓글로 브랜드 관계자나 인플루언서, 생산자와 소통한다. 홈쇼핑이 주도하던 영상 커머스 시장에 개인과 중소형 업체까지 가세했다.

라이브 커머스는 홈쇼핑과 닮은 듯 다르다. 먼저 라이브 커머스는 훨씬 재미있고 편리하다. 일반 광고나 방송보다 규제나 제약 사항이 적다. 가장 중요한 건 실시간으로 소통과 참여가 가능하다는 사실이다. 시청자와 진행자, 판매자와 또 다른 시청자 간에 대화가 활발하게 이뤄진다. 이 때문에 품목에도 제한이 거의 없다. 고가의 명품부터 반짝이는 아이디어로 무장한 소소한 제품까지 볼 수 있다.

경험을 중심으로 소비하는 세대들은 양방향으로 소통하며 물건을 살 수 있는 라이브 커머스에 열광한다. "당신의 작은 문제를 이렇게 해결했습니다"라는 장면에서 내가 생각한 고민과 딱 맞아떨어지면 즉시 구매를 한다. 내가 당장 궁금한 게 있으면 "안쪽을 보여주세요", "그 노트북 ○○게임 한번 실행해봐주세요", "무게를 자전거와 비교해주세요" 등의 세세한 요구를 한다. 중국에서는 이미 2016년 왕홍 등이 라이브 커머스 붐을 일으켜 자동차와 부동산 업계까지 영향을 끼치고 있다. 중국의 라이브 커머스 시장은 2019년 4,438억 위안(약 76조 원)에서 올해 9,610억 위안(165조 원)까지 커질 전망이다.

국내에선 코로나19로 이제 막 성장하고 있는 분야다. 위메프는 온라인 서비스 '원더쇼핑'으로 올해 페이스북과 인스타그램, 유튜브 등에서 48시간 특가 상품을 판매했다. 콘텐츠 네 편의 누적 조회수는 150만 회로 거래액은 1년 전보다 70퍼센트가량 늘었다.

11번가도 올 2월부터 뷰티 라이브 방송을 시작해 호평을 받고 있다. 조성아뷰티, 에뛰드, 아이오페, 헤라 등을 라이브 쇼핑으로 방송한다. 방송 당일의 거래액은 평소 일평균 거래액보다 5~20배가량 높다.

| 티몬 모바일 앱을 통해 만나볼 수 있는 티비온 라이브 |

티몬은 2017년부터 '티비온 라이브' 서비스를 운영해온 국내 라이브 커머스의 원조 격이다. 인터파크도 '인터파크 TV'를 정식 출범했다. 백화점, 마트 등 전통 유통업체도 라이브 커머스에 동참했고, 네이버, 페이스북, 인스타그램도 라이브 커머스에 출사표를 냈다. 코로나19로 오프라인 유통업체의 차선책이라는 해석이 있지만 장기적인 관점에서 라이브 커머스는 성장 가능성이 무궁무진하다. 모바일 중심의 콘텐츠 환경과 초저지연, 초연결, 초실감의 5G 기술이 만나 앞으로 더 특화된 서비스들이 나올 전망이다.

기업들이 라이브 커머스에 집중해야 하는 이유는 또 있다. 라이브 커머스를 통해 30억 원어치를 팔았든, 300억 원어치를 팔았든 그게 중요한 게 아니다. 가장 공정하고 빠르고 정확한 소비자 데이터가 라이브 커머스에 있다는 사실이 중요하다. 라이브 커머스는 누구나 쉽게 접근하여 비교적 싸게 바로 살 수 있다. 광고를 하기에는 부담스럽고 홈쇼핑으로 바로 가기에는 아직 사이즈가 안 되는 작은 제품이나 개인 맞춤형 제품들을 테스트해볼 최고의 플랫폼이 될 수 있다. 그립 등 라이브 커머스 기업들이 판매하는 제품들의 반품률은 1퍼센트 이하다. 라이브 커머스를 단지 판매 플랫폼이 아니라 가장 투명한 소비자 데이터로 사용할 수 있다는 이야기다.

라이브 커머스가 본격화하기 전에도 SNS를 타고 1인 셀러, 인플루언서가 주도하는 '세포 마켓'은 이미 형성되어 있었다. 래퍼 염따, 뷰티 유튜버 이사배 등이 별다른 광고 없이 SNS에 제품을 올리는 것만으로 하루 수억 원의 매출을 올렸다. 네이버에는 1인 마켓 비중이 60퍼센트를 넘는다. 업계는 이미 1인 셀러가 주도하는 세포 마켓 규모가 20조 원을 넘은 것으로 보고 있다.

소유 너머에
존재하는 것

넘쳐나는 생산과 소비의 피로, 빠르게 변하는 유행 주기는 공유를 즐기는 실용주의 세대를 탄생시켰다. 동시에 중고시장도 키워냈다. 이전 세대가 다른 사람이 사용하던 물건을 쓴다는 데에 거부감이 있었던 반면, MZ세대에게서 중고에 대한 거부감은 찾아보기 어렵다. 과잉시대를 거치며 이들은 '평생 소유'라는 개념에서 자유로워졌다. 그래서 자신의 물건이 더 이상 필요 없어지면 중고시장에 내놓는다.

중고나라와 번개장터, 당근마켓 등 중고거래 플랫폼의 가입자는 4,000만 명에 이른다. 중고시장의 규모도 약 20조 원으로 10년 사이 5배 이상 성장했다. 모바일 리서치 기관 오픈서베이가 2030세대 1,000명을 대상으로 물품 중고거래에 대한 설문조사를 한 결과 "2030세대 10명 중 3명은 2개월에 한 번씩 중고거래를 한다"고 나왔다. 응답자 가운데 중고거래 경험이 있는 2030세대는 83퍼센트였다. 최근 1년간 중고물품 판매와 구매 횟수가 6회 이상이라고 답한 응답자는 27.3퍼센트로 가장 많았다.

비슷한 맥락에서 공유 경제는 소유가 아닌 경험을 중시하는 MZ세대에게 딱 맞는 소비다. 돈을 내고 갖는 게 아닌, 사용한 만큼만 돈을 지불하는 소비이기 때문이다. '공유 경제'는 2008년 미국 하버드대 로스쿨 로렌스 레식 교수가 처음 사용했다. 한번 생산된 제품을 여럿이 공유해 쓰는 협력 소비를 기본으로 한 경제 방식으로, 소유할 필요 없이 필요한 만큼 빌려 쓰고, 필요 없는 경우 다른 사람에게 빌려주는 소비다. 자동차, 오피스, 숙박 등에서 시작한 공유는 집 거실을 공유하는 '남의 집 프로젝트', 헤어디자이너 여럿이 한 공간을 공유하는 '공유 미용실' 등으로 확대되고 있다.

소유에 대한 개념이 바뀌면서 구독 경제도 활발해지고 있다. 일회성 판매가 아니라 누군가가 골라준 서비스나 제품을 매달, 매주 배송받아 보는 것이다. 아이튠스와 멜론 등의 월정액 무제한 음악감상 서비스, 넷플릭스의 콘텐츠 서비스 등을 경험한 세대는 먹거리와 인테리어, 그림까지 구독 서비스를 구매하는 데에 거침이 없다. CJ ENM은 라이프 스타일을 구독한다는 개념으로 '펀샵' 구독 서비스를 하고 있다. 단순 생필품이 아니라 취향을 저격하는 그림 구독 서비스, 양말 정기배송 서비스를 내놓았다. 오디오북 서비스 '윌라'도 구독 형태로 내놓았다.

다양한 소비 경험을 통해 자신만의 취향을 발견하고 싶어하는 소비자의 욕구가 구독 서비스의 편리함과 맞아떨어지고 있는 현상이다.

전국 각지의 전통주를 구독할 수 있는 '술담화'는 2020년 6월 매출이 지난해 동기 대비 8배 이상 늘었다. 같은 기간 구독자 수도 10배가량 증가했다. 술담화는 월 3만 원대의 구독료를 내면 매달 전통주 소믈리에가 선택한 술 2~4병을 칵테일 레시피 등이 적힌 큐레이션 카드, 스낵 안주와 함께 집으로 배송해준다. 술담화는 20대 청년들이 운영하는 만큼 전통주에 대한 기존 이미지에서 벗어나 젊은 층의 취향에 맞춘 포장과 서비스를 선보여 인기다.

그림 구독 서비스를 운영하는 '오픈갤러리'도 지난 6월 매출이 지난해 동기 대비 74퍼센트 증가했고, 구독자 수도 83퍼센트 늘었다고 밝혔다. 오픈갤러리는 작가 1,000여 명의 작품 약 3만 점을 기반으로 3개월마다 벽에 걸 그림을 교체해주는 서비스를 제공하고 있다. 구독료는 그림 크기에 따라 월 3만 원대부터 20만 원대 이상까지 다양하다. 소속 큐레이터의 상담과 추천을 통해 그림 선택을 어려워하는 구독자를 돕고, 작품과 작가에 대한 해설 서비스도 지원해 그림을 잘 몰라도 쉽게 이용할 수 있다는

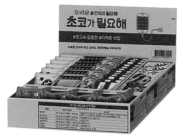

| 롯데제과의 '월간 과자'와 오리온의
'간식이 필요해' 구독 서비스 |

게 강점으로 꼽힌다.

신선한 꽃을 정기적으로 배송해주는 '데일로즈'도 지난 5월
과 6월 매출이 지난해 동기보다 각각 80퍼센트, 40퍼센트 늘었
다. 구독료는 꽃 분량에 따라 1회 5,000원대부터 시작한다. 이
외에도 '식탁이 있는 삶'이 운영하는 온라인 식품몰 '퍼밀'은 지
난 6월 과일 정기배송 서비스 '달콤박스'를 출시했다. 또한 롯데
제과도 '월간 과자'에 이어 '월간 나뚜르'를 시작했으며, 오리온의

'간식이 필요해', 파리바게뜨 '월간 커피 샌드위치 구독' 등도 등장했다.

롯데백화점과 신세계백화점도 각종 정기구독 서비스를 선보이는 등 구독 경제는 유통업계 전반으로 확산하는 추세다. 취향은 다양하게 가져가되, 트렌드는 뒤처지기 싫어하는 MZ세대의 특징을 반영했다.

한정판 명품에 열광하는 MZ세대는 '리셀시장'을 만들고 있는 주역이다. 특정 브랜드의 한정판 운동화를 20만 원에 사서 수백만 원의 고가에 내놓는 일이 매일 일어나고 있다. MZ세대가 열광하는 명품 브랜드나 한정판 제품이 하나의 재테크가 되면서 코로나19 와중에도 명품 매장과 면세점에 문 열자마자 뛰어나가는 '오픈 런' 현상도 벌어졌다.

리셀시장은 중고시장과 다르다. 구입 후 한 번도 뜯거나 써보지 않은 물건을 그야말로 되파는 시장이다. 중고는 시간이 지날수록 값이 떨어지는 반면, 리셀은 시세차익을 낼 수 있다. 가장 많이 거래되는 물품으로는 신발, 그중에서도 스니커즈다.

지금까지는 개인 간 거래가 많았지만 최근 들어 정품 검증과 하자 여부를 알려주는 각종 플랫폼도 등장했다. 국내 패션 전문몰 '스타일쉐어'는 지난해 명품 리셀 플랫폼 '아워스'를 내놓았다. 네이버가 700억 원을 투자한 자회사 '스노우'는 한정판 스니커즈 거래 플랫폼 '크림'을 내놓았다. 해외에도 스니커즈 리셀 전문 플랫폼이 많다. 미국, 중국을 포함한 세계 스니커즈 리셀시장은 2025년까지 60억 달러를 넘어설 것으로 보인다.

4장

잘나가는 것을 만드는
결정적 차이

앞서 살펴본 이 10가지 도구를 언제 어떻게 사용해야 할까? 성공하고 실패한 마케팅 사례를 통해 MZ세대를 유혹하는 10가지 장난감이 어떤 역할을 했는지 살펴볼 차례다. 여기에서는 마케팅의 기본 프로세스를 고객 인사이트 발굴, 브랜드 가치 결정, 커뮤니케이션과 유통, 고객 붙잡는 팬덤 등 소비자 가치 사슬Consumer value chain에 따라 4단계로 나누고, 단계별로 성공한 기업들과 실패한 기업들의 전략을 분석했다.

1단계 인사이트 발굴에서는 일상의 흔한 소재들의 각을 살짝 틀어 완전히 새로운 세상을 열어주거나, 극세사와 같은 작은 취향을 찾아내어 제대로 저격한 기업을 소개한다. 지극히 자연스러운 것들을 재발견한 스타트업이 해당된다.

2단계에서는 브랜드를 리포지셔닝해 새롭게 가치를 창출한 기업들을 살핀다. 관습을 무너뜨리거나, 자신들이 갖고 있던 기존의 가치를 파괴하고 재조립한 성공 사례다.

3단계에서는 남들과 다른 차원의 커뮤니케이션으로 소비 시장을 뒤흔든 기업들을 살핀다. 단순히 화제가 되는 광고를 만든 차원이 아닌 고객과의 관계를 공고히 하거나 재정립할 수 있었던 커뮤니케이션 프랙티스이다.

마지막 4단계에서는 브랜드나 제품, 콘텐츠가 어떻게 팬덤을 형성했고, 그것을 통해 성장할 수 있었는지를 분석했다.

집요한 인사이트로
새로운 가치를 창출하다

일상의 각을 살짝 비틀다 :
다노, 월라

여성 다이어트 플랫폼 스타트업 '다노'는 국내 다이어트 시장의 패러다임을 바꿨다는 평가와 함께, 특히 MZ세대의 뜨거운 지지를 받고 있다. 무수히 많은 다이어트 사업 가운데 무엇이 MZ세대의 마음을 사로잡은 것일까?

다이어트 정보를 제공하는 페이스북 페이지에서 시작한 다노는 '다이어트'라는 말 대신에 지속 가능한 '습관 성형'이라는 새로운 철학을 내세운다. 다노가 운영하는 앱 기반 다이어트 코칭 서비스인 '마이다노'는 '한 달 안에 ○○킬로그램 감량 보증' 같은 말은 하지 않는다. 대신에 이렇게 말한다.

많은 분이 다노에게 질문했습니다. '왜 제 다이어트는 항상 실패로 끝날까요?' 다노는 이 질문에 답하기 위해 몇만 명의 다이어트 성공과 실패 패턴을 분석하였고, 드디어 실패 없는 다이어트를 찾아냈습니다. 누군가는 한 달 만에 5킬로그램을 감량하지만, 누군가는 1년 동안 1킬로그램도 감량하지 못하는 이유는 뭘까요? 원인은 바로 '습관'에 있습니다. 인터넷 속 다이어트 정보를 무작정 따라하지 마세요. 나에게 필요한 식단, 운동, 생활 습관을 찾아 완전히 내 것으로 만드는 것이 다이어트 성공 방법입니다. 마이다노는 온라인 PT프로그램으로 다이어트 전문 코치가 28일간 나에게 맞는 식단, 운동, 생활 습관을 케어해줍니다.

현재 다노는 다이어트 식품 기획과 제조사로도 변신했다. 제품을 개발할 때 SNS 채널을 통해 사람들과 소통하고, 건강한 식단과 운동을 위해 팔면 좋을 것 같은 제품을 정기적으로 질문한다. 통밀 팬케이크가 달다는 지적에 감미료를 줄이기도 했고, 운동 매트에서 냄새가 심하다는 의견에는 제조 공정에서 원인을 찾아내 냄새를 줄였다. 무첨가 두유가 맛이 없다는 피드백이 이어지자 달콤한 달콩두유로 위기를 극복했다. 사용자들은 단순히 다노의 이용자가 아니라, 다노의 기획자이자 MD이자 잔소리꾼으로 거듭나고 있는 것이다. 내 이야기를 듣고 브랜드가 달라지고 바뀌는 과정을 지켜보며 MZ세대는 브랜드를 함께 키워나가는 쾌감을 느낀다.

다이어트 식품 기업에서 종합 헬스케어 전문기업으로 성장한 다노의 성공 요인에 대해 '다노언니'라 불리는 이지수 대표는 이렇게 말한다.

"우리는 파는 것을 말하지 않고, 믿는 것을 말한다."

제품을 만들지 않고 이야기를 만들며, 구매 고객을 늘리는 대신 공동체의 크기를 키운다는 것이다. 다른 기업은 시장점유율 1퍼센트를 높이는 데 집중하지만, 4차 산업혁명 시대에는 소비자의 생애 주기를 점유하는 게 중요하다고 믿는다.

오디오북은 그동안 시각장애인이나 시력이 나빠진 나이 든 사람을 위한 도구로 여겨졌다. 그러나 최근 들어 미국이나 유럽을 비롯해 세계 곳곳에서 새로운 독서 방법으로 각광받고 있다.

디지털 네이티브인 MZ세대에게 오디오북은 '듣는 즐거움'을 선사하는 지식 콘텐츠 플랫폼이다. '책. 듣다. 쉽다'를 슬로건으로 내건 국내 오디오북 플랫폼 '윌라'는 출시 2년 만에 80만 다운로드, 가입자 51만 명을 확보했다. 연령대별 이용자 비율은 18~24세가 5.2퍼센트, 25~34세가 14.5퍼센트, 35~44세가 33퍼센트, 45~54세가 36퍼센트 등으로, 2030세대의 비중이 늘어나고 있다.

이처럼 MZ세대의 가입자가 늘어난 가장 큰 이유로는 책을

읽으면서 다른 것들도 함께할 수 있는 '멀티 태스킹' 때문이다.
팟빵 설문조사에 따르면 오디오 콘텐츠를 들으며 하는 일은 집
안일(52퍼센트), 대중교통 이동(52퍼센트), 운전(41퍼센트), 기타(37
퍼센트), 야외활동(30퍼센트), 업무(27퍼센트) 순이라고 한다(이중
선택 가능). 출근 준비를 할 때, 버스나 지하철 또는 차 안에서 오
디오북을 활용하면서 출판시장도 바뀌고 있다.

오디오북 시장은 현재 200억 원 수준이지만 연평균 25퍼센트
씩 성장하고 있다. 오디오북 업계의 넷플릭스로 불리는 스웨덴
의 오디오북 '스토리텔'이 지난해 말 국내에 진출했고, 네이버도
'오디오클립'을 2017년 내놓은 데 이어 국내 최초 오디오북 제작
사 '오디언'을 인수하기도 했다.

해외에서도 오디오북 시장은 약 4조 원 규모로, 전체 출판 시장의 10퍼센트를 차지한다. 세계 최대 오디오북 서비스로 40만 개가 넘는 타이틀을 보유한 아마존 '오더블'이 그 중심에 있다. 최근《뉴욕타임스》가 기사를 읽어주는 오디오 콘텐츠 스타트업 '오덤'을 인수했다. 종이책이나 전자책을 내지 않고 오디오북만 으로 소개하는 곳도 적지 않다. 펭귄랜덤하우스는 앞으로 모든 신간 서적을 오디오북으로 제작하겠다고 선언했다.

윌라는 강연 전문기업 인플루엔셜이 운영한다. 인플루엔셜 은 2018년 지식 콘텐츠 플랫폼을 지향하며 시작됐다. 강사의 말 한마디 한마디가 콘텐츠가 된다는 것에 착안해 강연을 디지털 콘텐츠로 만들고, 오디오북으로 진출했다. 배우나 성우, 전문 낭 독가의 녹음 연출과 특수 음향 효과 등을 넣어 오디오북 품질을 높이는 작업을 하는 중이다.

필요를 만들다 :
당근마켓, 보맵, 뱅크샐러드

_____ 중고거래는 더 이상 새롭지 않다. 사내 중고장 터도 있고, 동네마다 플리마켓이나 바자회가 열리기도 한다. 유 럽에선 '빈티지 마켓'이 지역 곳곳에서 정기적으로 열린다. 국내 에는 무엇보다 '중고나라'라는 중고거래 사이트가 시장을 꽉 잡

고 있다.

이러한 상황에서 모바일 중고거래 플랫폼인 '당근마켓'의 등장은 중고시장의 변화를 불러왔다. 당근마켓은 GPS 값을 근거로 지역 인증을 받은 사용자들끼리 중고거래를 하는 앱으로, 대면으로 직거래하는 것을 우선 원칙으로 하고, 물건을 거래한 뒤나 거래 당시 금액을 지불하도록 했다. 중고거래의 물리적 거리를 좁힌 것이다. 이용자의 거주 지역 반경 6킬로미터 이내에 있는 이웃과만 교류할 수 있기 때문에 직접 만나서 거래하지 않을 이유가 없다.

당근마켓은 '내가 쓰던 좋은 물건을 가까운 사람에게 좋은 가격에 넘기고 싶다'라는 누구나 가진 생각을 현실로 만들었다. 이러한 특징은 기존 중고거래의 가장 큰 문제이던 '중고 사기'를 차단할 수 있었다. 불법 게시물은 걸러내고 중고거래 수수료는 받지 않으면서 월 이용자 수가 1,000만 명을 넘었다. 당신 근처에서 열리는 시장이라는 뜻의 '당근'이, 중고거래에 대한 막연한 불안감과 불편함을 지워주면서, '안 입는 패딩 집 앞에서 빨리 팔고 싶을 때' 생각나는 중고거래 욕구를 제대로 일깨워준 것이다. 이제 당근마켓은 단순한 거래 사이트를 넘어서 지역 커뮤니티로 발전하고 있다.

보험업은 거대 보험회사와 인맥 좋은 보험설계사들이 꽉 잡고 있는 시장이다. 지인을 통한 대면 영업이 다수를 차지하며, 스타트업이 쉽게 진입하지 못한 시장이기도 했다. 그러나 '나의 첫 보험'을 내세운 '보맵'이 이 관행을 깨고 있다. 보맵은 2017년 등장해 그동안 누적 10만 건 이상의 보험이 청구됐다. 보험 계약 건수는 800만 건이며, 앱 다운로드 수는 150만, 회원 수는 130만 명을 넘었다.

보험은 약관, 보장 범위 등 정보 비대칭 문제가 가장 큰 분야였다. MZ세대는 보험을 가까이할 이유가 적었다. 이러한 약점을 극복하기 위해 보맵은 일상에 필요한 미니 보험을 가족, 친구와 모바일로 쉽게 주고받을 수 있는 서비스 '보험 선물하기'를 출시했다. 특히 술자리가 잦은 회사원, 혼자 사는 여자친구 등에게 선물하기 좋은, 하루 700원으로 이용하는 '귀가안심보험'이 인기가 좋았다. '보험 선물하기'의 80퍼센트 이상이 귀가안심보험을 이용했고, 결혼 시즌을 맞아 친구들에게 '웨딩보험'을 선물하는 2030세대도 있었다. 보험 선물하기를 한 달간 이용한 사람의 62.5퍼센트가 2030세대다.

보맵은 플랫폼만을 제공한다. 설계사를 고용해 실적을 내야 하는 다른 보험 플랫폼과 완전히 다르다. 보험상품 수수료가 아니라 마케팅 비용으로 수익을 얻는 구조다. 보험사, 보맵, 소비자 모두 만족할 경우 보험사는 적은 비용으로 보맵 이용자에게 타깃 마케팅을 할 수 있다. 또한 소비자는 싼 가격으로 다이렉트 보험 상품을 온라인으로 가입할 수 있다.

　자산관리 앱 '뱅크샐러드'가 성공한 이유도 비슷하다. '자산'이라는 말은 최소한 수천만 원의 예금과 부동산 등을 포함한 것처럼 보이지만 뱅크샐러드는 이 공식을 깼다. MZ세대의 자산은 중고차 한 대도 귀중하다. 중고차 시세를 조회할 수 있고, 자산의 주요 부분으로 통합 관리할 수 있는 최초의 앱이 뱅크샐러드다. 월급 통장도 없고, 따라서 자산관리 앱은 필요 없다는 MZ세대에게 뱅크샐러드는 나의 돈, 나의 미래를 360도 관리해주는 앱으로 다가갔다. 카드나 은행에 한 번만 연동해놓으면 자동으로 사용 내역을 받아와서 앱에 입력해주는 무료 가계부 어플로 수입과 지출, 카드별 통계 등을 한눈에 알 수 있도록 했다. 택시비 카드 지출이 늘어나면 '이럴 거면 경차를 구매하시는 것이 더 경제적입니다'라는 메시지도 보내준다. 친절할 뿐 아니라 고객을 진심으로 걱정해주는 모습도 재치 있게 보여주는 것이다.

　뱅크샐러드가 단지 가계부 역할만 하는 건 아니다. 자동차 시세 데이터를 기반으로 차량 번호만 입력하면 본인 명의로 된 모든 차량을 검색하고 시세까지 알 수 있다. 내 자산 규모에 맞는 금융상품과 맞춤형 카드도 추천한다. 가계부 금융비서 등 금융 관련 기능 중심에서 송금, 건강 관리, 지출 관리, 재산 관리, 자동차 관리, 신용 관리까지 아우르는 통합 플랫폼을 향해 가고 있다. 뱅크샐러드는 MZ세대의 자산 규모와 니즈에 맞게 미니 보험도 내놓았다. 빙판길 미끄럼 사고 등 겨울철 골절 환자가 많다는 데이터에 기반해 5,000원을 1회 내면 일 년간 골절 질환을 보장받을 수 있는 '뼈펙트 미니 보험'이 대표적이다.

브랜드 리포지셔닝을 통한 가치 확대

타깃을 리타깃팅하라 :
구찌, 휠라

누군가에게 "오늘 컨디션 어때?"라고 물었는데 "구찌해"라고 답한다면? 명품을 떠올려선 안 된다. 구찌Gucci는 MZ세대에게 '좋다', '멋지다'는 의미다.

5년 전까지만 해도 망해가는 모습을 보이던 이탈리아 명품 브랜드 구찌는 현재 MZ세대가 좋아하는 명품 브랜드 1, 2위를 다투고 있다. 구찌 전체 매출의 50퍼센트 이상은 35세 이하 소비자들의 지갑에서 나온다. 매출과 영업 이익도 매년 상승세를 이어가면서 오래된 명품 기업들이 '구찌 배우기'에 나서고 있다.

구찌는 어떻게 죽어가던 브랜드를 되살려냈을까? 구찌는

2008년 이후 2014년까지 매년 매출이 20퍼센트가량 줄어드는 위기를 겪었다. 그러다 2015년 심폐소생술이 시작됐다. 신임 최고경영자로 온 마르코 비자리는 '밀레니얼'에서 답을 찾고자 '리버스 멘토링Reverse mentoring' 제도를 도입했다. 리버스 멘토링이란 선후배 사이에서 멘토와 멘티가 바뀐 것을 말하는데, 35세 이하 젊은 직원들의 목소리에 더 귀를 기울이겠다는 의미였다. 그러자 새 아이디어가 쏟아져나왔다. 모피 사용 금지, '구찌와 함께 하는 여행 앱' 제작, 중성적 디자인 적용 등이 여기서 나온 결과물이다. 친환경, 경험, 재미와 개성 등을 중시하는 밀레니얼 세대의 특성을 반영한 것이다.

이후 구찌의 파격적인 시도가 이어졌다. 화려한 꽃무늬와 커다란 벌, 호랑이, 뱀 등이 구찌의 핸드백에 그려졌다. 구찌 로고를 GUCCY, GUCCIFY 등으로 변형하기도 했다. 남성복에 리본과 레이스를, 여성복에 투박한 장식을 더했다. 디지털 마케팅을 강화하고 온라인 한정판과 DIY 코너도 선보였다.

인스타그램에 어울리도록 매장 분위기도 밝게 꾸미고, 스트리트 패션 브랜드와도 협업했다. 광고 모델로는 SNS의 인플루언서를 내세웠다. 래퍼 릴 펌은 온몸을 구찌 제품으로 두르고 〈구찌 갱〉이라는 노래를 불러 빌보드차트 3위까지 오르는 인기를 누렸다. 이러한 구찌의 행보에 기존 소비자들은 "구찌가 미쳤다"며 화를 냈지만 MZ세대는 열광했다.

구찌의 성공을 바라보며 다른 명품 브랜드들도 잇달아 '구찌 벤치마킹'에 나섰다. 발렌시아가와 생로랑은 비슷한 전략으로 이듬해 매출이 30퍼센트 이상 증가했다. 버버리는 20년 만에 로고를 바꿨고, 루이비통은 뉴욕 출신 젊은 흑인 디자이너를 남성복 수장에 앉혔다.

국내에선 '휠라'가 비슷한 사례다. 휠라는 1911년 이탈리아에서 시작해 1980~1990년대까지 나이키, 아디다스, 리복 등과 견줄 만큼 성장했다. 하지만 2000년대 들어와서는 초반 파산 위기까지 겪었다. 취급하는 제품의 품목은 자꾸 늘어만 갔고, 어린 아이에서부터 60대까지 누구나를 위한 제품을 쏟아냈지만, 아무에게도 선택되지 못했다.

한물간 듯한 브랜드로 여겨지던 휠라는 구찌와 비슷한 시기 과감하게 유명 패션 디자이너 정구호를 영입해 크리에이티브 디렉터로 앉히고 대대적인 브랜드 리뉴얼에 들어갔다. 휠라의 본격적인 부활은 전선을 좁혀 10대에 집중하고 휠라가 잘해온 가치, 인정받은 가치에 집중하며 '휠라'다운 운동화를 만들어 내면서 시작됐다. 글로벌 소싱을 통해 가격을 낮춰 MZ세대가 구매 가능한 제품으로 포지셔닝을 조정했다. 온라인 채널을 강화하고 ABC마트에 전격 입점했다. MZ세대의 오래된 하굣길 친구인 메로나와 협업해 '메로나 운동화'를 출시하고, 사이즈를 세분화해 자신의 발 크기에 딱 맞는 운동화를 찾을 수 있게 맞춤화했다. 휠라의 흑역사를 알지 못하는 10대들은 휠라가 제시하는 휠라다운 '다름'을 쿨하고 새롭게 받아들였다.

구찌와 휠라는 뉴트로 트렌드를 이야기할 때 빠지지 않는다. 과거를 끌고 와 오리지널리티를 살리는 동시에 나름의 유연한 확장을 하는 것이다. 두 브랜드 모두 당시 기존 명품들이 '로고리스Logoless(로고를 감추는 미니멀리즘)'에 빠져 있을 때 오히려 정반대의 맥시멀리즘으로 달려갔다. 휠라의 반응은 해외에서 먼저 시작됐다. 미국의 톱모델 켄들 제너가 한 패션쇼에 휠라 로고가 크게 찍힌 티셔츠를 입었고, 이어 가수 비욘세가 휠라 옷을 입은 사진이 SNS상에 퍼지면서 젊은 세대가 반응했다. 10대들에게는 나이키나 아디다스만큼 익숙하지 않던 휠라는, 색다른 상품을 찾던 그들의 눈을 사로잡는 데 성공한 것이다.

'어글리 슈즈'라고 불리는, 90년대 감성과 디자인을 떠오르게 하는 휠라의 '디스럽터 2'는 20년 만에 재출시해 그야말로 대박을 쳤다. 출시 일 년 만에 국내에서 180만 켤레, 해외에서 820만 켤레가 판매됐다. 이제 운동화 편집숍에서 10~20대들이 휠라의 운동화를 집어 드는 것은 너무나도 익숙한 풍경이 됐다.

콧대는 낮추되 콘텐츠는 파격적으로 :
오프화이트, 베트멍

―――――――― 명품시장에서도 MZ세대는 '큰손'이다. MZ세대는 생필품을 살 때는 가성비를 따져보고 최저가를 찾지만, 고가의 명품백을 살 때는 주저하지 않는 양면성이 있다. 몇 년 사이 이러한 MZ세대의 지갑을 열며 패션계를 뒤흔드는 두 브랜드가 있다. 바로 '오프화이트'와 '베트멍'이다. 이 두 브랜드의 특징은 무엇일까?

오프화이트는 명품의 공식을 다 깼다. 창립 8년 만에 오프화이트는 2019년 영국 온라인 쇼핑 플랫폼 리스트Lyst가 꼽은 '최고의 인기 브랜드' 1위를 차지했다. 구찌, 루이비통 등 오랜 역사의 명품 브랜드를 넘어서며, 그동안 명품이 지녀야 할 최소한의 조건이던 희소성과 헤리티지가 없이도 명품이 될 수 있다는 걸 증명했다.

오프화이트는 가나계 미국인 디자이너 버질 아블로가 설립했다. 티셔츠 한 장이 30~40만 원대, 하의는 100만 원이 넘는다. 전통 명품 브랜드가 소량 생산, 고가 정책을 펴며 희소성을 강조하는 반면, 오프화이트는 누구나 쉽게 살 수 있는 매스티지 브랜드와 협업했다. 나이키의 인기 모델인 에어조던, 컨버스 척테일러에도 디자인을 입혔다. 이외에도 가구회사 이케아, 향수 브랜드 바이레도, 독일 캐리어 회사 리모와와 콜라보 제품을 다

| 18세기 독일 화가 안톤 라파엘 멩스가 그린 '마리아나 드 실바의 초상'의
그래픽 프린팅이 돋보이는 오프화이트의 제품 |

수 내놓았다. 오프화이트의 화살표 디자인이 여기저기에서 눈
에 띄자 사람들은 이 브랜드를 궁금해하기 시작했다.

　이 가운데서 인기가 많은 협업 제품은 인스타그램에서 추첨
을 통해 판매했다. 오프화이트 공식 계정을 팔로우한 다음, 해
시태그를 달아 재게시하면 이벤트에 참여할 수 있는 식이다. 신
제품을 내놓을 때에는 자신들의 명확한 타깃이 몰려 있는 곳으
로 찾아갔다.

오프화이트의 현대미술과 명화를 넘나드는 예술적인 면모는 MZ세대를 마니아로 끌어들였다. 제품에 대한 소비자들의 접근성은 열어둔 채, 콘텐츠는 독보적인 것으로 채웠다는 평가가 이어졌다. 모나리자를 프린팅한 후드티, 얼굴 없는 초상화로 유명한 '마리아나 드 실바의 초상'을 새긴 라운드티는 물론, 레오나르도 다빈치 500주년 기념 명화 컬렉션도 선보였다.

'베트멍'은 프랑스어로 '옷'이라는 뜻이다. 허무한 해석에 헛웃음을 보내는 사람도 있겠지만, 1020세대에게는 이마저도 쿨하다. 2014년 혜성처럼 등장한 베트멍은 발렌시아가 디자이너이자 베트멍의 수장인 뎀나 즈바살리아를 중심으로 8명의 디자이너가 시작했다. 이들은 매 시즌 컬렉션 공개와 동시에 새로운 트렌드를 선도해왔다.

베트멍의 정체성은 해체주의와 신비주의, 그리고 스트리트 패션의 재해석이다. 과장되게 큰 옷을 선보이는가 하면, 패션 아이템으로서는 가치 없다고 여겨지던 소방복이나 비옷을 컬렉션에 선보이며 '명품의 선'을 넘기도 한다. 또한 파리 마레지구 게이 전용 클럽에서 패션쇼를 열기도 하는 등 편견을 비웃는 혁명적인 패션 브랜드로 거듭났다.

이처럼 콧대는 낮추되 콘텐츠는 파격적으로 이어가면서 오프화이트와 베트멍은 MZ세대를 상징하는 명품으로 거듭났다.

익숙한 듯 낯설게,
콜라보의 파급력

─────────── 오래된 식품업계가 패션업계와 손잡고 다소 엉뚱한 제품을 내놓는 '익숙한 듯 낯설게 하기'는 몇 년째 이어져 오는 마케팅 트렌드다. 지루하게 내놓는 신제품보다는 오래된 브랜드의 콜라보는 파급력이 훨씬 크기 때문이다.

펩시콜라는 2019년 온라인 패션몰 '하우스 오브 펩시House of-pepsico'를 열었다. 그동안 알렉산더왕, 디스퀘어드, 푸마, 만다리나덕 등과 협업해 선보인 옷과 신발, 가방 등을 모은 쇼핑몰이다. 코카콜라×아디다스, 맥도날드×콜레트, 스타벅스×알렉산더왕 등도 패션과 식품의 대표적인 협업 사례다.

국내에서는 대한제분 곰표의 마케팅 콜라보 사례가 눈에 띈다. 첫 시작은 엉뚱했다. 곰표 로고를 프린팅한 티셔츠를 한 온라인 쇼핑몰에서 파는 것을 본 대한제분 직원이 신선한 시도일 수 있겠다는 판단에 상표 도용에 대한 항의가 아닌 협업을 제안한 것이다. 이렇게 정식 출시된 곰표 티셔츠는 레트로풍의 희화성으로 MZ세대의 웃음과 관심을 사며 선풍적인 인기를 얻었다. 분위기를 이어받아 패딩이 출시되고, 한 걸음 더 나아가 스와니코코와 콜라보하여 여성 파운데이션 쿠션을 출시하게 된다. 둘 다 하얗다는 공통점에서 나온 콜라보였다. MZ세대에게는 익숙하지 않던 브랜드인 곰표는 엉뚱하고 재미있는 콜라보를

| 펩시와 푸마의 콜라보 제품들 |

통해 핫한 브랜드로 재탄생했다.

앞서 이야기한 휠라의 부활에서도 브랜드 콜라보는 그 역할을 톡톡히 했다. 휠라는 MZ세대가 열광할 만한 조합의 브랜드 콜라보를 일련적으로 보여줬다. 빙그레와 협업으로 MZ세대에게 재미있고 유쾌하다는 반응을 이끌며 그들에게 더 친숙한 분

위기로 다가가는 데에 일조했다. 또한 인기 게임 배틀 그라운드와의 협업을 통해 쿨한 활동가의 모습도 선보이더니, 최근에는 현대자동차 고성능 자동차 라인인 N브랜드와 협업으로 양보할 수 없는 기능성을 내세우기도 했다. 수평적이고 힙하게 자신의 이미지를 확대하면서 지지층의 결속을 공고히 하는 휠라의 모습에 시장은 '휠라보레이션(휠라×콜라보레이션)'이라는 별명을 붙여주면서 휠라의 다음 콜라보 활동을 기대하고 있다.

빙그레는 휠라와 메로나 운동화 등을 내놓은 데 이어 올해 아예 꽃게랑을 패션 브랜드로 하는 '꼬뜨게랑'이라는 브랜드를 내놓았다. 꼬뜨게랑은 '도른자 마케팅'*으로 올해 가장 화제를 모은 콜라보 중 하나다. 빙그레는 한 판매 사이트에 이렇게 올렸다.

천재 디자이너 고계랑이 만든 명품 의류 브랜드 꼬뜨게랑입니다.

꼬뜨게랑은 꽃게랑을 프랑스어처럼 발음하고 꽃게랑의 로고를 명품 로고처럼 변신시켜 미니백, 선글라스, 티셔츠, 마스크 등을 제작했다. 가수 지코와 협업해 그가 모델로 나섰는데, 출

● 미치지 않고선 도저히 생각해낼 수 없는 기발하고 재미있는 마케팅 전략을 말한다. 도른자는 '돌다'의 의미를 사용하여 '돌은 자'를 연음법칙으로 발음한 것이다.

시 하루 만에 온라인 쇼핑몰 단독으로 1,000여 개가 완판됐다.

브랜드 콜라보는 브랜드의 포지셔닝을 움직일 수 있는 가장 유효한 접근이다. 오늘날의 브랜드 카리스마는 과거의 외로운 신비주의에서 오지 않는다. 모이고 나누고 함께하는 '환장의 어울림'에 MZ세대가 반응한다는 사실을 기억하자.

다른 커뮤니케이션 스킬로
시장을 뒤집다

아는 언니의 힘 :
글로시에, 다니엘 웰링턴

인플루언서는 팔로워 수에 따라 메가, 메크로, 마이크로, 나노 인플루언서로 나뉘는데, 나노는 인스타그램 팔로워 1,000~10,000명 미만을 보유한 인플루언서를 의미한다.

미국 코스메틱 브랜드 '글로시에'는 나노 인플루언서를 활용한 대표적인 곳이다. 글로시에는 고객들의 니즈를 먼저 파악한 후 제품을 생산하고, 시제품이 80퍼센트 이상 만족도가 나와야 제품을 만드는 구조이다. 그들은 '슬랙Slack'이라는 업무 공유 플랫폼에서 글로시에 상위 100명의 사용자를 초대한다. 이들은 주당 1,000건 이상의 메시지를 주고받는다. 고객은 광고 모델이나 그 브랜드를 쓰는 사람, 그리고 이야기에 집중한다. 글로시에의 고객은 '글로시에 걸'을 자처하는데, 해시태그를 통해 자신이 해당 제품의 탄생 과정에 관여한 이야기, 사용 후기 등을 적극적으로 올린다.

글로시에는 자신의 인스타그램을 나노 인플루언서의 놀이터로 적극 개방해놓고 있다. 자신들에 대한 부정적인 평가도 여과 없이 내보내면서, 인플루언서들이 마음껏 자신의 목소리와 끼를 펼칠 장을 제공한 것이다. 출근 준비 영상인 GRWM<small>Get Ready With Me</small>은 인플루언서의 있는 모습 그대로를 보여준다. 아침에 일어나 폼클렌징으로 세안하고, 각 단계의 화장을 하는 모습을 셀프로 촬영해 공유한다. 이를 통해 팔로우들은 자신들과 비슷한 인플루언서의 모습에 공감대를 형성하고, 덧붙여 작은 팁과 새로운 스토리들을 얻어간다.

스웨덴 시계 및 액세서리 브랜드 다니엘 웰링턴<small>DW</small>은 나노 인플루언서 마케팅으로 성공한 초기의 대표적인 사례로 2013년부터 3년간 4,700퍼센트의 성장률을 기록했다. 다니엘 웰링턴은 자신들의 감각적인 시계를 나노 인플루언서들에게 무료로 제공하고, 인스타그램 등 SNS 피드에 올리도록 했다. 곧 인스타그램 유저들의 피드는 다니엘 웰링턴의 시계 사진으로 넘쳐났다. 인플루언서가 소개하는 할인 코드를 이용해 제품을 구매하면

5~20퍼센트 할인 혜택을 주는 프로모션도 진행했다. 다니엘 웰링턴은 시계 브랜드를 넘어 뷰티, 여행, 음식, 반려동물 등 다양한 분야와 협업을 주도하는 라이프 스타일 브랜드로 성장하며 '인플루언서 마케팅의 바이블'이 됐다.

나노 인플루언서의 팔로워는 참여도가 매우 높은 그룹이다. 나만 아는 특별한 언니, 오빠, 동생이라는 이유로 곁에 머무르는 사람들의 팬심이 대단하다. 본업이 인플루언서인 경우보다 자신의 취미나 관심 분야에 대해 포스팅을 하다 보니 어느 날 나노가 되어 있는 경우가 더 많다. 또한 마케팅을 수입원으로 사용하지 않는 일반적 인스타그램 사용자들은 현실적인 콘텐츠를 게시하고, 오히려 광고 홍보성으로 보이지 않는다는 점 때문에 높은 신뢰성을 확보하고 있다.

또한 수는 적지만 모든 팔로워가 잠재고객이 될 가능성이 크다는 것도 강점이다. 이들은 관심 분야가 한정적이고 분명해 팔로워들의 취향도 매우 동질적이고 서로 간의 소통도 활발하여 기업 입장에서는 1,000여 명의 양질의 집단이 되는 것이다. 댓글과 다이렉트 메시지 등을 통한 소통도 활발해 팔로워들이 남기는 댓글 가운데 평균 10퍼센트 이상 직접 댓글을 달아 응답해 준다는 통계가 있다. 평균 0.02퍼센트의 응답률을 보이는 메가 인플루언서와 비교해볼 때 참여자들과 긴밀한 관계 형성이 가능함을 보여준다. 깊은 유대관계로 인플루언서와 팔로워가 밀착해 있기 때문에 기업이나 브랜드가 전달하고자 하는 바를 더 정확하게 보낸다는 장점이 있다.

아마존은 인플루언서들에게 고유 URL 주소를 주어 그 페이지 안에서 특정 물건을 팔 수 있게 했다. 아마존에서 팔리는 상품들 중 자신의 취향에 맞는 상품을 큐레이팅하여 판매할 수 있는 온라인숍 공간을 준 것이다. 인플루언서는 판매에 따른 수익의 일부를 챙겨가고, 아마존은 이용객 수가 느는 효과를 창출한다. 아마존 입장에서는 아마존의 이름으로는 다가갈 수 없던 타깃층을 나노 인플루언서의 접근성으로 유인해 홈페이지 노출 수를 기하급수적으로 늘려 광고 효과를 얻었다.

나노 인플루언서 마케팅은 B2B(기업 간 거래) 기업까지 장악했다. MS(마이크로소프트)는 인플루언서 마케팅 캠페인으로 긍정적인 영향력을 확대하는 캠페인을 벌이고 있다. SAP는 경영진이 핵심 인플루언서와 직접 소통한다. IBM은 직원들을 인플루언서가 되도록 독려하고, 세일즈포스는 CEO가 그 자체로 강력한 인플루언서 역할을 한다.

MS는 내셔널지오그래픽과 여행 사진가와 파트너십을 맺고 30명의 여성 과학자와 모험가의 사진, 이야기를 공식 SNS에 업로드하고 있다. 'Make What's Next'라는 주제의 이 캠페인은 과학, 기술 엔지니어링, 수학 등 STEM 분야에 종사하는 젊은 여성들을 응원하고 격려하려는 의도다. 이 캠페인은 순식간에 9,100만 명에게 도달했고, 인스타그램에서 하루 만에 350만 명의 '좋아요'를 받았다.

SAP는 매년 열리는 콘퍼런스 '사파이어 나무'에서 핵심 인플루언서들을 참여시켰다. SAP 경영진을 만나 제품을 사용하고 직접 피드백을 제공하는 이 영상은 라이브로 10만 명 이상이 시청했다. SAP는 이를 자사 블로그와 SNS에 공유했다.

기술 분야의 선두에 있는 IBM의 고객은 은행, 금융, 기술, 교육 등에 한정되어 있다. 다양한 청취자를 확보하기 어렵다고 판단한 IBM은 자사 제품을 가장 잘 아는 직원들을 인플루언서 집단으로 만들었다. 앰버 암스트롱 IBM 커머스 대표는 직원들이 올리는 한 줄의 트윗이 얼마나 파급력 있고 정확한 피드백인지 끊임없이 강조한다.

나노 인플루언서 마케팅이 한때의 유행으로 끝나지 않을 이유는 많다. 당장 매출과의 연계성이 검증됐다. 라이브 커머스 등을 통해 직접적이고 신속한 결과를 얻었으며, 플랫폼도 여러 곳으로 확대될 수 있다. 틱톡, 페이스북, 인스타그램이 모두 콘텐츠 커머스, 영상 커머스가 가능한 플랫폼이다. 이 때문에 측정 가능한 효율성을 담보할 수 있다. 또한 예산에 맞춰 실행할 수 있고, 판매 데이터 등을 통해 브랜드의 새로운 인사이트를 얻을 수 있다.

무엇보다 MZ세대가 강조하는 공감과 지지와 참여를 끌어낼 수 있다. 보통 사람의 작은 브랜드가 주목받는 시대에 더 밀접하게 다가가 '내 맘대로' 브랜드와 소통할 방법을 나노 인플루언서들은 알고 있다. 타깃의 접근성과 정교함은 가장 중요한 요소다. 네트워크 효과로 인해 충성 고객을 계량화할 수 있고, 잠재적인 타깃 고객도 확보할 수 있다.

나서지 말고 판만 깔았다 :
야놀자, 블랭크

——————— '야놀자'는 숙박 예약 스타트업으로 시작해 수많은 경쟁사를 물리치고 업계 1위가 된 기업이다. 모텔업계의 부정적인 이미지를 벗기 위해 콘텐츠를 마케팅의 중요 요소로 활용했다. 페이스북과 야놀자 앱의 '야놀자 캐스트'에는 연애, 여행, 데이트 등의 콘텐츠가 뜬다. 어느 지역, 어느 숙박업소에 대한 정보나 티 나는 광고가 아닌 MZ세대의 관심을 끄는 콘텐츠를 지속적으로 선보였다.

야놀자의 성공에서 핵심은 '업의 본질'을 재규정했다는 점이다. 남들이 광고를 할 때 이들은 소통을 했다. 경험을 중시하는 MZ세대에게 단지 '어느 지역, 어느 호텔이 싸다'는 것은 핵심 경쟁요인이 아니기 때문이다. 다른 숙박 앱들이 숙소에 관한 가격 할인 정보에 집중할 때 야놀자는 '놀이'와 관련한 다른 업체들과 적극적으로 손을 잡았다. 여행을 위해 필요한 자동차 대여 서비스 쏘카, 맛집 검색 서비스 망고플레이트 등과 제휴했다. 또한 숙박 예약은 물론 렌터카, 맛집 정보 등 여행할 때 필요한 모든 정보를 얻을 수 있는 플랫폼으로 스펙트럼을 넓혔다.

'초특가' 광고는 야놀자가 제공하는 서비스의 본질을 알린 계기가 됐다. 이 광고는 초특가로 제작된 저비용 코스프레 방식으로 찍었다. 당시 해외에서는 휴가를 떠나지 않고 휴가를 떠난 것처럼 사진을 찍어 올리는 '페이크케이션Fakecation' 놀이가 유행하고 있었다. 하니, 육성재의 초특가 야놀자 광고는 중독성 있는 춤과 노래로 인터넷 밈 현상의 주요 소재가 됐다. 패러디 영상은 물론 끊임없이 재창조됐다.

'2020년 놀력'도 마찬가지다. 365장의 일러스트와 매일 놀기 위한 다양한 아이디어를 제공해 내놓은 한정판 2020년 일력은 여행 마니아와 야놀자 충성 고객의 필수 소장 아이템이 됐다.

블랭크코퍼레이션(블랭크)은 미디어 커머스의 원조 격인 회사다. 2016년 창업해 5년 만에 매출 1,300억 원대의 기업이 됐다. 블랭크는 유통회사지만 뿌리는 콘텐츠 기업이다. 기업들이 제품을 만들고 이를 알리기 위한 콘텐츠를 기획하는 것과 정반대의 순서로 일한다. 콘텐츠가 되기 좋은 상품을 기획해 위탁생산

한 다음, SNS를 활용해 온라인에 판매하는 것이다. '바디럽', '소소생활', '악어발팩', '마약베개', '블랙몬스터' 등 20여 개 브랜드를 갖고 있다. 블랭크라는 회사 이름은 뒤에 숨어 있고 각각의 브랜드가 사회생활을 하는 기업이다.

블랭크는 일반인 리뷰 형식으로 콘텐츠를 만든다. SNS에서도 '당신은 사실 잘생겼다' 등의 계정으로 광고를 진행하고, 광고가 광고처럼 보이지 않는 일반인 리뷰 영상을 100퍼센트 활용한다. MZ세대가 연예인의 화려한 광고보다 옆집 언니, 나와 비슷한 또래가 쓰는 것에 더 공감하고 끌린다는 것을 이용했다.

예를 들어, 페이스북을 넘기다 보면 일반인이 여러 번 뒤척이며 자는 모습이 담긴 영상이 나온다. 그러곤 마약베개를 쓴 뒤 '꿀잠'을 자는 영상이 이어진다. 짧은 영상 뒤에 구매 좌표가 나오면 이미 확고한 구매 결정을 한 사람들이 온라인 쇼핑몰로 들어가는 시스템이다.

블랭크는 건강한 식문화를 만드는 '소소생활', 평범한 일상의 솔루션을 만드는 '바디럽', 자연을 담는 주방용품 브랜드 '모도리' 등의 멀티 브랜드 전략으로 각각 별도의 웹사이트와 광고 페이지 등을 운영한다.

목욕탕도 쇼룸이 된다 :
젠틀몬스터

_____ MZ세대는 모바일 네이티브면서 동시에 오프라인 경험을 누구보다 중요시하는 세대다. 이 이중성을 이해하지 못했던 기업들이 이제 그들의 삶에 스며들기 위한 공간 만들기에 열중하고 있다. 허름한 한옥이 밀집되어 있는 익선동을 띄운 것도, 공장지대이던 성수동을 붐비게 한 것도, 을지로를 '힙지로'로 만든 것도 MZ세대의 공간 탐닉이 만들어낸 결과다.

공간 마케팅의 압도적인 성공 사례는 젠틀몬스터다. 국내 아이웨어 브랜드로, 2011년 5명으로 시작한 젠틀몬스터는 현재 해외 법인 6개를 거느린 브랜드로 성장했으며, 세계 최대 명품 그룹 루이비통모에헤네시LVMH의 투자도 이끌어냈다.

젠틀몬스터를 운영하는 아이아이컴바인드는 안경을 팔면서 안경을 팔지 않았다. 그들은 공간에 집중했다. 현대미술 전시관처럼 25일에 한 번씩 테마를 변경해 전체 공간을 다 갈아엎는다든가, 키네틱 아트나 미디어 아트를 무심하게 전시해놓는 게 전부였다. 정해진 공간이 아닌 게릴라 전시도 진행했다. 꽃을 테마로 할 때는 바닥 전체를 생화로 뒤덮고, 잼이 주제일 때는 토스트를 구워 잼을 발라 손님들에게 나눠줬다. 이들은 2년 5개월간 36번의 프로젝트를 진행했다.

"미쳤다는 소리가 듣고 싶었다."

북촌에 위치한 대중목욕탕이 젠틀몬스터의 쇼룸으로 탈바꿈했다.

신사동 가로수길에 위치한 젠틀몬스터 쇼룸의 내부 모습이다.

젠틀몬스터 쇼룸의 목적이다. 북촌의 목욕탕을 개조한 프로젝트 '베스 하우스'도 사람들을 끌어 모으는 데 성공했다. 오래된 목욕탕을 전시관으로 만든 정체성을 알 수 없는 공간이지만, 사람들은 너나 할 것 없이 자신의 SNS에 이 공간을 퍼 나르기 시작했다. "거기 안경 예뻐"가 아닌 "그 목욕탕, 엄청 쿨해"라는 말이 나왔다.

젠틀몬스터는 이제 화웨이, 알렉산더왕, 펜디 등이 협업을 제안하는 브랜드가 됐다. 전 세계 40여 개 직영 매장은 애플, 샤넬 등 세계 최고의 브랜드들이 옆자리를 내어준 장소이기도 하다. 아이아이컴바인드의 매출은 2015년 500억 원대에서 2,000억 원대로 올라섰다.

공간으로 브랜드 가치를 극대화한 핵심은 인적 자원이다. 이 선글라스 회사의 구성원 중에는 아트 디렉터, 공간 디자이너, 바리스타, 소믈리에 등이 있다. 전체 직원의 절반 이상은 공간팀이다. 매번 새로운 시도와 놀라운 콘텐츠로 공간을 만들었더니, 안경은 자연스럽게 팔리기 시작했다. 잘 만든 쇼룸 하나가 어떻게 강력한 무기가 되는가를 증명한 셈이다.

젠틀몬스터의 세컨드 브랜드이자 코스메틱 브랜드인 탬버린즈가 나올 때도 그랬다. 핸드크림 하나를 내놓으면서 세계 각국 예술가들의 작품 사이에 핸드크림을 배치했다. 솜털 같은 편안한 느낌의 핸드크림을 공간에서 느끼라는 것이다. 이를 예술적으로 표현한 쇼룸에 사람들은 찬사를 보냈다. 핸드크림 샘플을 나눠주는 대신 핸드크림 패키지에 클러치백처럼 금빛 체인을 달아 액세서리 같은 느낌을 강조했고, "그냥 와서 느껴보시라"며 공간만 제공했다.

팬덤은 돈보다
강하다

Z세대만의 놀이터 :
러블리마켓, 소녀나라

MZ세대에서 Z세대를 따로 떨어뜨려 놓고 봤을 때 가장 큰 차이는 뭘까? Z세대는 커뮤니티와 놀이의 재미를 더 중시한다. 밀레니얼 세대보다 '새롭고 압도적인 경험'에 더 몰두하는 것이다. 이러한 점을 파악해 10대 소녀들을 사로잡은 두 패션몰이 있다. '러블리마켓'과 '소녀나라'다. 이 두 패션몰의 성공 스토리에는 Z세대에 대한 모든 것이 담겨 있다.

소녀나라는 2008년 문을 연 10대 전용몰로, 동대문표 저렴한 가격의 옷으로 연매출 400억 원을 넘본다. 옷과 화장품, 신발, 잡화 등 10대 여학생이 좋아할 만한 것들을 판다.

소녀나라에는 교복을 입는 여학생들이 가장 궁금해할 콘텐츠가 많다. '청바지 예쁘게 접는 법', '교복에 패딩 스타일링하는 법' 등 읽을거리가 풍부하다. 매일 쇼핑몰에 출석 체크하면 쇼핑 할인권도 추첨을 통해 준다. 소녀나라에서 산 옷을 입고 사진을 올리면 베스트 코디에 선정되는 기쁨도 누릴 수 있다.

러블리마켓은 10대 패션 덕후들의 성지이자 대형 커뮤니티가 된 쇼핑 스타트업이다. 러블리마켓은 홍대에서 여고생들이 연 플리마켓이 시작이었다. 손님도 대부분 중고생이었는데, 여기에 모인 사람들이 하나의 '패션 그룹'이 됐다.

이곳을 단지 옷 파는 곳이라고 생각하면 안 된다. 이곳은 Z세대의 취향공동체이자 고민을 털어놓고, 친구들을 사귀고, 또래들의 트렌드를 실시간으로 살펴보는 하나의 거대한 사회다. 이곳에서 판매하는 액세서리와 옷은 모두 온라인으로 창업한 브랜드의 상품으로 어른들은 알기 어려운 10대만의 언어로 상품이 설명되어 있다.

러블리마켓 운영자들은 10대들과 매일 소통한다. 페이스북, 인스타그램 등에서 영상과 사진을 활용해 상품을 소개하는가 하면, 고민상담소도 운영한다. 러블리마켓 덕후들의 줄임말에서 따온 '주간 러덕 고민상담소'에는 별별 사연이 다 올라온다.

'#남친'이 달린 게시물에 "남친만 보면 부끄러워서 눈도 못 쳐다보고 손도 못 잡겠어요. 머릿속에선 다 했는데 몸이 부끄러워서 안 따라줘요ㅠ"라는 고민이 올라오면 운영자들은 "머릿속에서 뭘 다 해, 애 좀 보게. 머릿속에서 한 거 중에 가장 약한 것부터 천천히 시도해라ㅋㅋ"라고 답을 단다. '#이별'이 달린 "제가 차고 후회하고 있어요"라는 글에는 "다른 사람 만나는 일에 더 열중해봐"라는 답이 달린다. 운영자 외에도 접속한 러덕들이 대신 답을 달아줄 수도 있다.

러블리마켓에는 이용자들이 직접 뽑은 라디오 음악 플레이리스트, 옷을 입고 찍어 올린 사진과 후기가 많은 베스트 아이템을 뽑아 추천하는 순위도 있다. 'ㅇㅆㅇㅈ(인싸인정)' 코너에는 러블리마켓 오프라인 팝업에서 멋진 코디로 시선을 사로잡은 러덕들의 사진을 모델처럼 찍어 실명, 나이와 함께 공유한다.

카카오톡에는 러블리마켓 고객들이 자발적으로 만든 단톡방도 있다. 러블리마켓을 만든 김동화 대표는 이 방에서 매일 서너 시간씩 수다를 떤다. 나의 놀이터라는 확실한 소속감과 결속력이 생긴 Z세대는 스스로를 '러덕'이라 부르고, 홍보 모델이 되길 자처한다. 오프라인 행사 때마다 자원봉사나 스태프가 되기도 한다. 10대들의 입장에서 모든 걸 운영하는 러블리마켓은 자체 결제 시스템이자 사이버 머니인 '러마페이'도 만들었다. 반품이 어렵고 현금을 갖고 다니기 힘든 10대들의 상황을 감안해 편의점에서 충전한 뒤 사용할 수 있게 했다. 지난 2월엔 코로나19로 인해 온라인 러블리마켓을 열자 10만 명이 몰리기도 했다.

이처럼 러블리마켓은 또래와 어울리고 취향을 나누면서 안
정감을 찾는 Z세대의 심리를 겨냥했다.

마켓컬리는 샛별배송으로
성공한 게 아니다

──────────── '2015년 5월, 첫날의 마켓컬리.' 대한민국의 새
벽을 바꾼 김슬아 마켓컬리 대표가 꼽은 '올해의 경쟁자'다. 밀
레니얼 세대 창업자인 김 대표는 잠자기 전 고른 신선한 먹거리
를 아침이 오기 전, 집 앞에 가져다주면 좋겠다는 상상을 현실
로 만들었다.

서울과 경기 지역 아파트 단지의 4~5가구 중 한 곳에 매일
신선 먹거리가 담긴 배송 상자가 놓인다. 새벽배송 시장 규모는
5년 만에 100억 원에서 8,000억 원대로 80배나 커졌다. 첫해 29
억 원이던 마켓컬리 매출은 지난해 4,000억 원대로 늘었다.

새벽배송이라는 혁신을 일상으로 만든 소비자들은 압도적으
로 밀레니얼 세대가 많다. 더 나은 먹거리를, 좀 더 편한 방법으
로 받아보고 싶다는 창업자의 욕구가 딱 맞아 떨어졌다.

하지만 마켓컬리의 경쟁력이 새벽배송에만 있는 것은 아니
다. 그들의 핵심 경쟁력 중 하나는 '큐레이션'이다. 살 것이 넘쳐
나는 과잉의 시대에 마켓컬리는 더 안전하고 좋은 먹거리를 골

라 추천한다. 총 1만 개의 품목을 판매하는 마켓컬리는 지난해에만 3,000개가 넘는 신제품을 쏟아냈다. 대표와 상품기획자MD들은 매주 상품위원회를 열어 1차 선정을 거친 300~400개 제품을 테스트하거나 먹어본다. 여기에는 70가지 기준이 있는데 한 번 회의를 할 때마다 12시간 이상이 걸린다고 한다.

마켓컬리는 까다롭고 집요하다. 창업 초기부터 소비자 불만이 나오는 제품에 대해 곧바로 현장 조사를 하거나, 제품을 회수해 직접 확인하는 등의 절차를 거친다. 환불과 교환 절차를 해준 뒤에도 이들은 '한 입 먹은 사과'도, '뜯어놓은 빵 봉지'까지 회원들로부터 다시 받는다. 이 까다로운 과정이 쌓여 팬덤을 만든 셈이다. '믿고 먹는 마켓컬리'라는 말은 거기서 비롯됐다.

100년이 넘도록 버크셔 돼지 품종을 사육해온 미국 텍사스 농가에서 건강하게 비육된 순수 혈통 버크셔랍니다. 200일 이상 천천히 키워서 도축하기에 깊은 맛과 풍성한 마블링이 남달라요.

마켓컬리에서 파는 미국산 버크셔 흑돼지 목살의 상품 설명 중 일부다. 가격 정보보다는 어디서 어떻게 사육됐는지, 어떤 음료와 잘 어울리고, 어떻게 손질하고 보관해야 하는지가 담겨 있다.

마켓컬리 직원 300여 명 중 전문 작가만 20명이 넘는다. 이들이 MD들과 상품 기획 단계부터 함께 소통하며 소비자에게 '어떻게 이야기할지'를 정한다. 직원들이 먹어본 뒤 작성한 후기인 '테이스팅 노트'를 글로 그대로 전달하기도 한다.

국민소득 3만 달러 시대의 유통산업에서는 정직하고 정제된 커뮤니케이션 기술이 필요하다. 마켓컬리는 이 지점을 잘 건드렸다. 소비자들이 물건을 살 때 가장 먼저 던지는 질문이 '얼마인가'에서 이제 '어떤 물건이고, 어디서 왔느냐'로 바뀌고 있는 변화를 가장 먼저 잡아냈다. MZ세대의 소비 패턴은 적게 먹고 덜 쓰더라도, 더 건강하고 지속 가능한 것을 추구하는 게 특징이다.

세심하게 밀착한다는 건 회사 규모가 커질수록 점점 더 어려운 일이다. 하지만 본래의 창업 목적과 철학을 잊지 않으려는 노력으로 마켓컬리는 아직까지 순항 중이다. 배송 상자부터 테이프까지 모두 종이로 바꾼 '올페이퍼 챌린지'도 환경을 생각하고 지속 가능성을 중시하는 MZ세대의 목소리에 귀 기울인 결과다. "포장이 너무 과하다. 환경을 생각하는 온라인 쇼핑을 원한다"는 이들의 이야기를 마켓컬리는 경청했다.

시간과 노력은 들었지만 그 결과 마켓컬리의 최대 무기는 300만 명의 우수회원이다. 이들은 장바구니를 서로 공유하고 적극적으로 후기를 남기면서 제2, 제3의 MD처럼 움직인다. 후기를 남기는 비율은 50퍼센트다. 이 비율은 SNS와 맞먹는 수준이다. 신선식품 쇼핑몰로는 이례적으로 페이스북, 인스타그램 등의 거대한 커뮤니케이션 플랫폼으로 성장했다는 이야기다.

마켓컬리가 MZ세대의 힘 있는 플랫폼이 되자 요즘 유통업계는 마켓컬리의 쇼핑몰에 자사의 제품 사진을 거는 것을 목표로 하는 곳까지 생겼다. 고가의 스피커와 가전제품 등을 걸어 마켓컬리의 프리미엄 식재료를 즐기는 MZ세대의 라이프 스타일에 침투해보겠다는 전략이다.

기생충과 ARMY가 닮은 점 :
BIG Fandom, BIG Difference

———————— 영화 〈기생충〉은 한국 영화 최초로 아카데미상 작품상 등 4개 부문을 수상하며 한국 영화의 역사를 새로 썼다. 이후 언어의 장벽을 뛰어넘는 세계적인 주제 의식, 그 주제를 쉽게 풀어낸 스토리와 연출력, 배우들의 연기력 등 〈기생충〉의 성공에 관한 많은 분석이 쏟아졌다. 하지만 미국 시장에서 결정적인 성공 요인이 된 건 바로 마케팅이다.

영화 〈기생충〉은 2019년 10월 북미 지역에서 개봉했다. 상영관은 단 세 곳으로 시작했다. 이곳에서 외국어 영화 중에서는 압도적인 흥행 기록을 세웠다. 하지만 박스오피스 순위는 당시 13위에 그쳤다. 그런데도 어떻게 〈기생충〉은 아카데미 4관왕을 차지할 수 있었을까.

〈기생충〉의 북미 배급사 '네온'은 최대한 많은 스크린을 확보

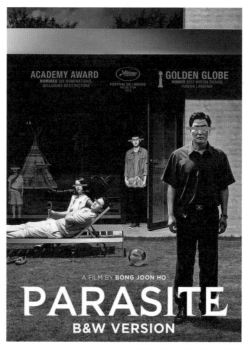

| 골든글러브와 아카데미 시상식에서 주요 부문을 수상한 영화 〈기생충〉 포스터 |

해 초반부터 밀어붙이는 전통적인 '와이드 릴리즈' 방식을 피했다. 대신 적은 스크린에서 상영을 시작해 점점 입소문을 타고 영화를 띄우는 '플랫폼 릴리즈' 방식을 썼다. 플랫폼 릴리즈는 상영관 수 자체가 적기 때문에 개봉 첫 주의 흥행 수입을 기준으로 삼지 않고, 극장당 평균 수입액으로 흥행 기준을 잡는다. 당시 뉴욕의 상영관 IFC센터는 첫 주말 모든 표가 매진되기도 했다.

바이럴에 성공한 뒤에도 〈기생충〉은 사람들에게 영화를 봐 달라고 조르지 않았다. 이미 사람들은 대부분의 영상 콘텐츠를 넷플릭스 등의 OTT Over The Top(인터넷을 통해 볼 수 있는 TV 서비스) 로 보는 시대 아닌가. 극장으로 오게 하려면 최소한 어벤져스급 의 스펙타클, 블록버스터를 보여줘야 한다. 〈기생충〉은 그런 영 화는 아니었다. 네온은 오히려 사람들이 작품을 본 다음, 여러 가지 해석을 하도록 내버려뒀다. 상영관을 무리하게 더 늘리지 도 않았고, 아카데미상 수상을 위해 스크리너 DVD를 빨리 보 내지도 않았다. (아카데미상 투표는 2월 초에 마감하기 때문에 더 많 은 표를 얻으려면 더 많은 사람에게 스크리너용 DVD를 빨리 발송하거 나, 최대한 많은 극장에서 상영해야 한다.) 크리스마스가 지나 스크 리너를 발송한 네온 측은 "기생충은 극장에서 함께 영화를 본 뒤 둘러앉아 감상평을 나눌 때 더 빛을 발하는 영화"라고 했다.

밈 현상도 마케팅에 적극적으로 활용했다. 영화 속 웃음을 자 아내던 장면(극중 '기정'이 부른 노래로, 일명 '제시카 징글')이 SNS에 패러디되자, 실제 영화 속 주인공인 박소담 배우가 SNS에 해당 영상을 업로드했다. 음원도 무료로 배포했다. 그러자 아직 영화 를 못 본 사람들까지 모두 이 노래를 알게 됐다. 저작권 침해 등 의 우려는 접어둔 채 '어디 한번 놀아보라'고 판을 툭 던지고 사 람들을 놀게 했다.

〈기생충〉이 은밀하게 소문을 내고 사람들 스스로 영화를 보고 싶어 안달하게 만들었다는 점에서 방탄소년단BTS의 팬클럽 아미ARMY와 공통점을 갖는다. 둘 다 '내 브랜드는 내가 만든다'는 '바이미by-me 신드롬'을 극대화한 사례다.

아미는 팬들의 단순 집합체를 넘어서 전 세계의 사회 경제 세력으로 거듭났다는 평가를 받는다. 아미가 운영하는 소액기부단체 '원인언 아미One in an ARMY'는 팬들의 요청으로 인종차별 반대운동단체에 소액기부할 수 있는 페이지를 지난 6월에 만들었다. 나흘 만에 5만 달러가 모였고, BTS와 소속사 빅히트엔터테인먼트도 흑인 인권운동 캠페인 단체에 100만 달러(12억 원)를 기부했다. 아미는 이어 '우리도 100만 달러를 모으자'며 '#매치어밀리언#MatchAMillion'을 전파했다. 소액기부 페이지는 보도 24시간 만에 81만 7,000달러가 모였고, 곧 100만 달러를 넘어섰다. 음반을 사고, 콘서트에 열광하는 것 이상의 팬덤이다. 사소한 것으로 치부할 수 없는 경제 세력이 된 아미의 힘은 어디서 나왔을까.

BTS와 아미는 종속관계거나 일방향의 관계가 아니다. BTS는 초창기부터 아미에게 모든 걸 공개했다. 다른 아이돌 그룹이 좋은 모습만 보이려 하고, 부끄러운 솔직한 모습은 감추려 할 때 이들은 반대로 움직였다. 연습 과정에서 팀원들끼리 싸우고 좌절하고, 기쁨을 느끼는 모든 순간을 소소하게 트윗에 쏟아냈다. "난 이 길이 맞는지 모르겠다…"는 불안감에 대해서도 스스럼

없이 털어놓았다. 초기부터 BTS를 응원해온 아미는 "BTS를 서포트하고, BTS와 함께 성장하겠다"는 강력한 연대감을 갖게 됐다. '학교 3부작', '청춘 2부작', '윙스', '러브 유어셀프' 등 시리즈로 구성된 연작 앨범은 BTS와 아미의 공통된 세계관을 만들고, 주제의식을 공유해가면서 팬덤을 더 단단하게 만들었다.

　BTS도 아미를 동등한 인격체로 봤다. BTS가 문을 여는 로고를 쓴다면, 아미는 이 문을 닫아주는 역할을 한다. 처음부터 팬을 관리해야 할 집단으로 본 것이 아니라 자신들과 동일시했다는 점에서 다른 팬덤과 다르다. BTS는 신곡이 나오면 가장 먼저 아미들이 듣게 하고, 아미만을 위한 프로모션도 따로 만들었다. 전 세계 200만 명의 열혈 군단은 그렇게 탄생했다. BTS가 성장하면서 아미도 조직적이고 체계적으로 발전했다. BTS의 트위터 속 계정은 공식 계정, 번역 계정, 동원 계정, 지역 팬덤, 연구 계정, 통계 계정, 오리지널 콘텐츠, 기타 등 8개로 분류된다. 긴밀히 연결된 이들은 특정 이슈나 이벤트가 있을 때 적절한 채널을 활용하기도 하고, 필요에 따라 빠르게 뭉쳐 행동한다.

5장

팔리는 구조를 만드는
브랜딩 레시피

MZ세대의 소비는 그 부모세대의 소비와 다르다. MZ세대는 자신의 몸에 관심이 많고, 의미 있는 소비에 민감하다. 150년 전통의 하인즈 케첩보다 동네 청년이 만든 유기농 토마토케첩을 찾는 식이다. 인스타그램이나 페이스북의 '좋아요'는 수억 원의 마케팅 예산과 맞먹는 효과를 낸다. SNS의 지지를 등에 업은 작은 브랜드들이 성장하면서 미국의 10대 대형 소비재 브랜드의 매출은 최근 7년간 220억 달러(약 24조 6,224억 원) 감소했다. 시장 점유율도 3퍼센트포인트 이상 떨어졌다.

내구재 시장 역시 마찬가지다. 제품의 성능, 디자인, 사용자 환경UI 등 모든 소비자 밀착점에서 MZ세대의 취향을 이해하고, 이를 적극적으로 반영하는 일에 몰두하고 있다.

삼성전자는 최근 CE(소비자가전) 부문 생활가전사업부 산하에 밀레니얼의 생활 습관과 소비 패턴을 분석하는 '라이프 스타일 랩'을 신설했다. 이곳은 소비심리학, 컴퓨터공학, 기계공학, 디자인, 마케팅 등 다양한 배경을 지닌 전문가들로 구성했다. 밀레니얼 세대를 겨냥한 '프로젝트 프리즘'은 단조로운 백색 광선을 갖가지 색상으로 투영해내는 프리즘처럼 밀레니얼 세대를 포함한 다양한 소비자의 라이프 스타일과 취향이 반영된 맞춤형 가전 시대를 선도하겠다는 뜻이다. 이러한 전략으로 출시된 것이 바로 냉장고 '비스포크' 시리즈다. 비스포크는 타입과 색상 패널을 소비자가 마음대로 조합해 구매할 수 있는 냉장고다. 시리즈 출시 이후 삼성전자의 냉장고 매출은 올 상반기 30퍼센트 이상 성장했으며, 전체 냉장고 판매의 65퍼센트가 비스포크였다.

LG전자는 최근 뮤지션 허H.E.R와 함께 젊고 재능 있는 뮤지션 발굴에 나섰다. 단일 가전제품을 마케팅하지 않고 LG전자의 브랜드가 MZ세대와 소통할 수 있는 방식에 집중했다. 허는 지난해 그래미 어워드 베스트 R&B 앨범상과 최우수 R&B 퍼포먼스상을 받은 1997년생 싱어송라이터다. 그는 8월 20일 LG전자의 슬로건인 '라이프 이즈 굿Life's Good'을 주제로 직접 만든 16마디의 곡을 LG전자 글로벌 유튜브 계정과 인스타그램에 공개했다. 참가자들은 허가 올린 노래를 악기로 연주하거나 노래를 완성해 9월 17일까지 유튜브 또는 인스타그램에 올려 콘테스트에 응모할 수 있다. 이후 선발된 3명은 허와 함께 곡을 완성하게 된다.

현대자동차는 지난 6월 세계 환경의 날을 맞아 세계적인 아티스트 BTS와 함께 '긍정적 에너지Positive Energy' 캠페인을 진행했다. 수소에너지가 조금은 생소하게 느껴질 세대에게 현대차의 친환경에너지에 대한 비전을 좀 더 친숙하게 이야기하고자 한 것이다. 이 과정에서 수소차의 유일한 부산물인 물방울을 모티브로 짧은 캠페인송을 제작했고, 틱톡에서 물방울을 상징하는 다양한 동작을 만들어 참여하는 밈 챌린지 '#PositiveEnergy Challenge'를 했다. 그 결과 90만 명 이상이 참여했고, 18억 뷰라는 놀라운 결과를 기록했다.

MZ세대는 기업들을 바꿔놓고 있다. 세계 최대 소비재 기업인 유니레버의 폴 폴먼 CEO는 최근 한 인터뷰에서 이렇게 말했다.

우리 회사에 닥쳐올 가장 큰 위협은 MZ세대와의 연결고리를 잃어버리는 것이다.

투자를 통해 MZ세대에 대한 이해도를 늘리고자 하는 노력도 활발하다. 네슬레는 스페셜티 커피 브랜드 '블루보틀'의 지분을 인수했다. 미국 최대 육류회사인 타이슨푸드는 식물성 단백질로 육류 대체품을 생산하는 비욘드미트에, 주류기업 AB인베브는 지난 몇 년간 세계 각국의 수제맥주회사 20곳에 투자했다. 마크 슈나이더 네슬레 CEO는 최근 투자자들에게 "MZ세대는 곧 그들의 인생 그래프에서 소득이 가장 높은 구간을 지나가게 될 것"이라며 "그들의 취향과 니즈를 파악하는 게 기업의 최우선 과제"라고 말했다.

앞서가고 있는 기업들의 행보는 지금 우리가 풀어내야 할 과제들을 분명하게 말해준다. 전통적 마케팅 성공 함수는 사라지고, 예측할 수 없는 성공들만 눈앞에 나타났다 또 사라지는 거대한 혼란 속에서 기업의 생존과 번영을 이뤄내기 위한 경영자들의 고민은 깊어질 수밖에 없다.

심플하게 바라보자. 새로운 시장을 깊이 이해하고, 그들의 욕구에 맞게 제품과 서비스를 진화시켜야 한다. 그들이 열광하는 방식으로 소통하고, 우리 브랜드에 그들을 초청해야 한다. 궁극적으로 소비자와 기업이 함께 세계관을 만들고, 그 안에서 소비자들을 열혈 지지자로 만들어야 한다.

말은 쉽지만 사실 접근은 매우 복잡하다. 마케팅의 본질은 달라지지 않았지만 변한 것은 너무 많다. 환경이, 시장이, 경쟁이, 무엇보다 지배되는 가치와 감성이 달라졌다.

지금의 핵심 소비 계층은 전대미문의 까다로움과 파괴적 소통력을 지녔다. 그들을 '바람직한 괴물'이라고 말하는 이유다.

이들이 기업들에 요구하는 접근 방식의 변화는 만만치 않은 수준이다. 그들은 끊임없이 속삭인다.

"나에게 당신의 제품을 팔고 싶어? 그럼 당신이 먼저 멋진 사람이 되어야지. 뭘 가르치려 하지 마. 나를 유혹해봐."

힘 빼고
자연스럽게

완벽한 건 애초에 없다고 생각하는 세대다.
그러니 과장하거나 과시하거나 숨길 필요 없다.
잘하는 건 잘한다고 하고,
부족한 모습은 있는 그대로 인정해야 한다.

이제 더이상 수직적인 가치는 각광받지 못한다. '무엇이 무엇보다 낫다'라는 개념은 구시대의 패러다임이다. 어느 것이 더 나은 것은 없다. 다만, 다를 뿐이다. 그 다름이 소중하고 나에게 의미 있는 것이다. 이제 최대, 최초, 최고의 가치 제언은 매력이 없다. 특허를 받은 기술, 최초로 쓰인 원료, 가장 빠른 속도는 지루하다. 어떻게 다르고, 그 다름이 당신에게 어떤 가치, 어떤 의미가 될 수 있는지를 보여줘야 한다. 그 과정에서 나오는 모든 자세는 자연스러워야 한다. "당신이 미처 몰랐던 것을 알려줄 테니 들어봐"가 아니라 "내가 이런 사람인데, 관심이 가니?"라는 톤으로 속삭여야 한다.

부족할 수도 있다. 실수할 수도 있다. 아직 업그레이드 중이라 이곳저곳이 매끄럽지 않을 수도 있다. 하지만 괜찮다. 그 과정에서 솔직하고 투명하다면 더 멋진 브랜드가 될 수 있다. 삼성전자가 출시한 갤럭시노트 7의 배터리가 발화하는 사고가 일어났을 때 사람들은 배터리 불량의 문제보다도 그 사건에 삼성이 어떠한 자세로 소비자들과 소통했느냐를 더 중요하게 관찰했다. 이것이 지금 세대다.

그러니 문제가 생겼을 때 숨기지 말고 사실을 있는 그대로 드러내며 인정하는 태도가 중요하다. 잘하는 건 잘한다고 하고, 부족한 모습은 그 자체로 자연스럽게 보이게 내버려둬야 한다. 노력할 부분에 있어서는 열심히 하는 모습, 그리고 그러한 과정을 스스럼없이 보이며 적극적으로 시장의 피드백을 듣는 모습이 자신만의 가치를 세워가는 잘나가는 브랜드의 모습이다.

그러니, 힘을 빼자. 자연스럽게 나의 부족함과 고민을 친구에게 하듯 스스럼없이 털어놓아야 한다. 시장에는 이성적으로 접근하되, 소비자와는 인간관계를 맺어야 한다. 셀프 디스도 하고, 망가져도 보는 것. 그러한 자연스러움이 매력이고 경쟁력이다. 무엇보다 그런 모습이어야만 지금 세대를 모여들게 만든다. 브랜드도 기업도 인간의 모습과 닮아 있기에 이를 서로 연관시키며 열광하게 되는 것이다.

당장 콜라보 달력을
만들어라

우리 브랜드에 친구를 소개해주고,
우리 브랜드가 사회생활을 하도록 해줘라.

브랜드에 새로운 매력을 부여하는 데 힘을 쏟아라. 반전 매력이면 더욱 좋다. 아무리 인지도 높은 브랜드라 해도 혼자 하는 이벤트나 행사는 외로워 보이고 지루할 수 있다. 혼자 하려고 끙끙대지 말고, 누구와 어울려야 새로운 메시지가 만들어지고 전달될지 고민하고 찾아야 한다. 다양한 각도의 브랜드 콜라보레이션을 부지런히 이뤄내야 하는 것이다.

앞서 설명한 '깡 신드롬'을 일으킨 가수 비가 박재범 사단과 뭉쳐 〈깡〉 리믹스 앨범을 발매하면서 치솟는 인기에 불을 지른 것과 같은 맥락이다. 나의 부캐를 만들고, 이를 평가받고 키우고 소멸시키는 일에 과감하고 치열해야 한다. 곰표가 다양한

| 곰표가 다양한 브랜드와 콜라보하여 선보인 제품들 |

브랜드와 손잡고 '곰표 패딩'과 '곰표 파운데이션' 등을 출시해 SNS를 뜨겁게 달궜듯이, 콧대 높은 명품들이 대중적인 브랜드들과 협업해 새로운 이미지를 얻었듯이, 기억되고 이야기될 수 있는 크고 작은 모습으로 끊임없이 소비자들 곁을 맴돌아라.

특정 플랫폼에 올라타는 일도 중요한 콜라보레이션이다. 브랜드 성장 전략에 맞춰 협업하고 갈아타고 톤다운할 플랫폼 전략을 미리 세워놓아야 한다.

자신의 제품을 팔 곳과의 협업을 고민하고 있다면 그건 매우 좋은 의미다. 생활용품 회사라면 감각적인 소비자들이 자주 찾는 힙한 쇼핑몰과의 협업은 기본으로 진행하겠지만, 동시에 음식 레시피, 유기농 식자재, 다이어트 식품, 홈인테리어 플랫폼 등과의 협업도 미리 계획해놓아야 한다. 우리 회사의 제품이 어떤 스타일의 주방에 걸릴 때 더 돋보일까 하는 부분을 인테리어 플랫폼과의 협업을 통해 보여줄 수 있기 때문이다. 타깃의 라이프스타일에 중요한 영향을 미치는 웹툰과의 협업도 실행 고민에 넣어둬야 할 소재다.

잘난 브랜드가 또 잘난 애들과 어울리며 노는 모습은 지루하다. 예측 가능해 기대하는 부분도 적다. 유명 건설회사가 프랑스의 유명 디자이너와 손잡고 강남 오피스텔을 디자인했다는 소식은 새삼 흥미로울 요소가 없다.

나는 잘나고 많이 알려진 브랜드지만 이렇게 다른 모습일 수 있다고, 다양한 가치를 지닌 사람이라고 외칠 수 있어야 한다. 기대하지 않은 짝과 의외의 연계성을 보여줄 때, 그 연계성이 생각할수록 말이 되고 의미가 될 때, 시장은 웃으며 반응해준다. '진짜 그렇게' 하면 진심을 알아봐주고 오래 머물러준다. 우리 브랜드에 친구를 소개해주고, 우리 브랜드가 사회생활을 하도록 해줘라.

여러 콘텐츠를 스토리로 만들면 이러한 스토리가 쌓여 하나의 세계가 된다. 퍼뜨릴 수 있는 소재가 많아진다는 이야기다. 우리 브랜드가 충분한 스토리를 갖고 있을 때 우연한 덕질 속에 두 번째 전성기를 맞이할 수 있다.

밀레니얼 커미티를
발족시켜라

MZ세대로 조직을 꾸렸다면
이들에게 최종 의사 결정도 뒤집을 수 있을 만큼의
힘을 줘야 한다.

마케팅의 호흡이 빠른 만큼 기업은 의사 결정의 중심을 MZ
세대의 시각으로 옮겨놓아야 한다. 그것이야말로 헛발질을 줄
이고 러닝 커브를 줄일 수 있는 지름길이다.

이러한 면에서 구찌의 '그림자 위원회Shadow committee'는 시사하
는 바가 크다. 이는 30세 미만의 직원들로만 구성된 의사 결정
위원회다. 구찌 임원 경영회의가 끝난 후, 이 위원회는 CEO와
함께 경영회의의 주요 안건을 다시 토론하고, 이를 통해 CEO는
경영회의와는 다른 시각에서 사업 아이디어를 얻는다.

구찌라는 브랜드를 다시 쿨하게 만들 수 있었던 굵직굵직한
움직임은 이곳에서 탄생했다. 환경과 사회적 가치를 중시하는

밀레니얼 세대의 특성을 반영해 제품에 동물 모피 제품의 생산을 중단시킨 일, 거리 브랜드들과 협업으로 '구찌 갱'을 탄생시킨 곳도 이곳이다. 이처럼 구찌의 그림자 위원회는 기업이 지금 무엇에 집중하고, 어떤 가치를 받아들이려 하는지를 명확히 알려주는 상징이다.

CEO의 멘토도 후배들이어야 한다. 혼자 읽는 책만으로는 지금의 변화를 체화하기 힘들다. 젊은 사람들이 토론하는 독서 모임도 나가보고, 취향으로 모이고 흩어지기를 반복하는 플랫폼에도 기웃거려봐야 한다. 낯선 사람들과 명함 없이 만나 그들의 방식으로 소통해봐야 한다. 신입사원과의 '반말하기 모임'이라면 어떤가. 어제 만난 사람들을 오늘도 만나고, 같은 사람들과 아침, 점심, 저녁, 심지어 주말 골프까지 치는 경영자의 감성으로는 새로운 생각을 기대할 수 없다.

기성세대를 의사 결정 과정에서 완전히 배제하기는 어렵다. 하지만 최소한 지금 시장의 호흡을 반영할 보충적 의사 결정 체계는 공식화해야 한다. 단순히 간담회 형식의 의견 수렴이 아니어야 한다. 편하고 자유롭게 의견 한번 말해보라는 전시성 행사가 아니어야 한다. 예산과 책임, 권한을 지닌 밀레니얼 커미티로 팀의 막내가 자신과 친구들이 열광하는 브랜드를 보여주고, 인스타그램의 어떤 사진이 마음을 사로잡았는지를 진지하게 설명할 수 있도록 해야 한다. 그곳에 희망이 있다. 생각하지 못한 서비스를 런칭하고, 지금 제품의 소구점을 변경하며, 협업할 브랜드를 발굴하고, 소통 채널의 분위기를 바꿀 수 있어야 한다. 그럴 때 브랜드는 서서히 그렇지만 단단히 시장과 밀착하게 될 것이다.

그러한 면에서 얼마 전 롯데쇼핑이 실시한 '비밀상담소'는 상당히 고무적이다. 비밀상담소는 젊은 사원 20명으로 구성된 커미티로, 매주 금요일만 운영한다. 이 상담소에는 각 부서 팀장급 이상이 새 브랜드의 이름, 입점할 카페의 디자인 등 중요한 결정을 내리기 전에 찾아와 젊은 사원들에게 의견을 구한다. 정기적으로 경영진과 젊은 사원이 만나기도 한다.

이와 같은 역멘토링을 해본 기업 임원들의 반응은 두 가지다. "요즘 애들은 저런 생각을 하는군." 또는 "요즘 애들이 생각보다 욕심과 자기 성취에 갈망이 많구나."

MZ세대로 조직을 꾸렸다면 이들에게 최종 의사 결정도 뒤집을 수 있을 만큼의 힘을 줘야 한다. 그들은 당신의 생각보다 훨씬 더 똑똑하다. 정확한 목표를 주고 집요하게 파고들게 하면 지치지 않고 놀 수 있는 DNA를 가졌다. MZ세대와의 소통을 강화한 결과 올해 들어 롯데는 전사적 변화가 진행 중이다. 뷰티테크 스타트업, 푸드 스타트업과 손잡고 함께 사업을 벌이고 있다. 백화점도 달라졌다. 연말까지 백화점의 얼굴인 1, 2층을 MZ세대가 관심 있는 브랜드로 전면 리뉴얼하고 있다. 지난 8월에는 롯데백화점 명동점에 340평 규모의 초대형 나이키 매장을 열기도 했다. 이는 기존 매장의 7.5배에 달한다. 밀레니얼 세대가 열광하는 브랜드에 선택과 집중을 하겠다는 전략이다.

고객은 왕이 아니라
인재다

고객을 편히 모시기만 하면 안 된다.
숙제를 주고, 고민을 주고, 프로젝트를 제안하고,
행동할 무언가를 제시해야 한다.

팬슈머들은 모든 준비를 마쳤다. 그들은 자신이 원하는 것을 말하고, 전파한다. 원하는 대로 변화를 이끌 의지와 첨단의 디지털 수단으로 장착되어 있다. 거칠 것이 없다. 성과도 놀랍다. BTS 팬들은 미국의 인종차별에 목소리를 높이고, 임영웅의 팬들은 그가 광고하는 제품마다 완판을 기록하게 만든다. 세상에 없던 제품을 펀딩으로 출시하게 하고, 단종된 제품도 시장에 다시 등장시켜놓는다. 내가 좋아하는 브랜드가 이러한 모습으로 발전했으면 좋겠고, 그 변화에 자신은 열정을 가지고 계속 함께할 거야, 라고 외친다.

기업의 선택은 명확하다. 이들과 동행해야 하고, 이들을 도와

쥐야 한다. 앞서서 끌고 가거나 편히 모시겠다는 생각이 아니라 그들이 목소리를 낼 수 있도록, 더 잘 놀고 신나하도록 판을 깔아주고 참여할 기회와 경험을 만들어줘야 한다.

글로벌 여가 플랫폼 기업 '야놀자'는 판을 잘 깔았다. 야놀자는 방이 싸다고 이야기하지 않고 "우리 집에 와서 놀아주세요"라고 호소했다. 경쟁사 플랫폼을 사용한 사람들의 이야기도 기꺼이 공유하도록 했다. 숙박 이야기뿐만 아니라 여행 자체의 이야기도 하도록 해줬다. 동네 식당들과 연계해 페스티벌을 열고, 그 과정에서 소비자들의 의견을 적극 반영하고 참여시켰다.

'레드불'은 자신들의 광고 체널인 레드불 TV에서 자사 제품 이야기는 하지 않는다. 대신에 레드불 음료수를 마시는 타깃층이 좋아할 만한 익스트림 스포츠에 대한 콘텐츠를 가득 채워놓고 고객들을 유혹했다. 커뮤니티를 만들고 그 과정을 서포트하면서, 우리 브랜드 판으로 고객들을 데려오는 일에 집중했다. 그리고 나머지는 고객들에게 맡겼다. 충분한 행동력이 뒷받침되는 그들은 머지않아 함께 성장할 멋진 아이디어를 가져오고 실행해주기 때문이다.

에어비앤비 CEO의 또 다른 직함은 'Head of Community'이다. 그는 직함처럼 고객을 직접 만나고, 커뮤니티 관리를 직접 챙긴다. 작고 강한 팬덤이 기업의 존립에 핵심이라는 사실을 이해하고 있기 때문이다.

고객을 바라보는 브랜드의 시선을 바꿔야 한다. 고객을 편히 모시기만 하면 안 된다. 판을 깔아 적극적으로 유치해야 한다. 동질적인 경험을 쌓게 만들어 강력한 커뮤니티로 성장시켜야 한다. 그러기 위해서는 숙제를 주고, 고민을 주고, 프로젝트를 제안하고, 행동할 무언가를 제시해야 한다. 그렇게 끊임없이 브랜드와 함께하게 해야 한다. 고객은 모셔야 할 왕이 아니다. 함께 일할 S급 인재다.

소비 습관을 위한
성형 장치를 마련하라

스타벅스의 성공은 차별화된 커피맛 때문이 아니다.
스타벅스 커피를 마셔야 '하루가 시작된다고 믿는'
밀레니얼 세대의 습관 때문이다.

    우리 회사의 제품이나 서비스가 특별한 경우에만 발생하는 것이 아니라고 인식시키는 것이 중요하다. 일상생활에 자연스럽게 녹아들도록 만들어 소비가 최대한 자연스러워야 한다. 일종의 '습관 성형'을 할 수 있는 장치를 고민해야 하는 것이다.

    "입지 않는 패딩을 집 앞에서 빨리 팔고 싶을 때"를 외치는 한 플랫폼 회사처럼, 중고거래가 마음먹고 하는 일이 아니라 계절이 바뀔 때마다 쉽게 할 수 있는 일상적인 일이 되어야 한다. 애완견을 위한 영양가 넘치는 간식이 나왔다는 포지셔닝이 아니라 "지금 주는 사료에 같이 비벼주세요"라고 말하며 히트를 친 애완견 간식 제품도 좋은 예이다. "보험을 선물하라"고 외치는 보험 금융사처럼, 보험이 신중하고 까다롭게 골라야 하는 평생 파트너 개념이 아니라 친구 결혼선물로, 첫돌 맞은 조카의 선물로 가벼이 선택하고 리스크 없이 결정할 작은 습관으로 다가가야 하는 것이다. 기존의 무거운 보험을 쪼개 고객의 상황에 따라 쉽게 선택할 수 있는 미니 보험상품을 지속적으로 출시함으로써 얻을 수 있었던 포지셔닝이다.

생활용품과 함께 일정 기간 후 재구매해야 하는 제품의 경우 다양한 방법의 구독 서비스를 적극적으로 도입해야 한다. 생일 확인과 동시에 선물을 보낼 수 있게 만든 카카오의 '선물하기'처럼 한 가지 소비와 연계된 다른 불편함까지 해결해줌으로써 습관화를 형성할 수도 있다.

샘플링 단계를 중요하게 여기는 소비자들을 대상으로 샘플링 후 직접 구매로 연결되는 차별화된 채널을 런칭하는 것도 효과적이다. 자신의 경험과 취향, 평가가 크게 대접받고 있다고 생각함과 동시에 소비에 대한 자연스러운 습관 형성이 가능해진다.

밀레니얼 세대는 취향에 따른 개인의 리추얼을 중요하게 여기며, 그 차별성이 자신을 말해준다고 믿는다. 어떤 뉴스레터를 구독하고, 어느 앱을 켜 날씨를 확인하고, 어느 커뮤니티에서 정보를 얻는지, 소소하고 작은 선택이 모여 자신의 정체성이 된다고 믿는다. 그 속에 자연스레 섞일 장치를 누가 먼저 가져가는지가 지금 경쟁의 주요 승부처가 되고 있는 이유다.

잊지 말자. 스타벅스의 성공은 차별화된 커피맛이나 매장의 분위기 때문이 아니다. 스타벅스 커피를 마셔야 '하루가 시작된다'고 믿는 밀레니얼 세대의 데일리 습관 성형이 스타벅스의 성공을 이끌고 있는 것이다.

"그거 해봤어?"
사내에 마케팅 파일럿을 띄워라

우리 브랜드에 맞는 레시피는
오직 우리 조직만이 알아낼 수 있다.
그것은 끊임없는 실험과 시도를 통해
시장과 직접 부딪쳐보지 않고는 얻어지지 않는다.

기존 마케팅 팀과 별개로, 마케팅 파일럿 팀을 런칭하라. 소수여도 좋다. 2~3명 정도면 시작하기에 충분한 규모다. 단, MZ세대 구성원이어야 한다. 이 팀의 KPI(핵심성과지표)는 다양한 마케팅 툴을 끊임없이 테스트해보면서 우리 브랜드에 맞는 '도구와 활용 방안'을 찾아내는 것이다.

비싸고 훌륭한 에이전시를 고용해놓고 그들이 가져오는 보고서만 기다리고 있다면, 우리 브랜드의 마케팅 근육은 점점 손실될 수밖에 없다. 하루 건너 새로운 마케팅 기법이 쏟아지고 있는 지금, 우리 브랜드에 딱 맞는 레시피는 오직 우리 조직만이 알아낼 수 있다. 그것은 끊임없는 실험과 시도를 통해 시장과 직접 부딪쳐보지 않고는 얻어지지 않는다.

나노 인플루언서도 직접 발굴해보고, 여러 인플루언서와 일도 직접 해봐야 한다. 일하는 태도가 좋지 않은 인플루언서와 다퉈도 보고, 작은 실패들도 경험해봐야 한다. SNS에 올린 작은 메시지 하나가 엉뚱하게 해석되며 강한 저항을 받는 경험도 해봐야 하고, 그 과정에서 브랜드 리스크를 어떻게 관리하는지도 실험해봐야 한다. 브랜드 짤도 이것저것 많이 만들어봐야 한다. 큰 비용을 들여 만드는 브랜드 필름은 기존 마케팅 팀이 진행하게 하고, 파일럿 팀은 가벼운 브이로그 등을 많이 만들어봐야 한다. 힘도 빼보고, 병맛 콘텐츠도 만들어보고, 진지하게도 가보면서 우리 브랜드에 맞는 색을 찾아내야 한다.

인스타그램 계정도 여러 개로 스핀오프해 제품의 소개 메시지도 여러 각으로 변경해봐야 한다. 그때그때의 시장 반응과 댓글 분석 등을 실시간으로 직접 해봐야 알 수 있다. 메시지를 게재하는 시간을 다르게 하는 실험도 필요하다. 금요일 오후에 올리는 것이 반응이 가장 좋은지, 아니면 월요일 출근에 대한 부담과 기대가 교차하는 일요일 저녁이 주목을 끌기에 효과적인지 실험해봐야 한다.

타깃별 매니저를 선정하는 것도 유용하다. 10대 매니저는 하루 종일 10대가 사용하는 언어, 좋아하는 음식, 자주 보는 앱, 즐겨 하는 게임 등을 연구하고 이해하는 역할이다. 그렇게 할 때 머지않아 우리 브랜드와 어울릴 만한 타 브랜드를 줄줄이 꿰차게 될 것이다.

마케팅 파일럿 팀의 KPI는 성공하는 캠페인을 실행하는 것이 아니다. 실험과 시도로 성공하는 캠페인의 레시피를 발굴하고 그것을 기존 마케팅 팀에 전달하는 역할을 하는 것이다. 이러한 러닝이 에이전시와 일을 더 잘할 수 있는 근육이 된다. 클라이언트가 똑똑해야 에이전시도 똑똑해진다.

한 번에 대박 나는 마케팅은 없다. 유명한 에이전시를 고용해 놓았다고 그들이 내 마케팅 근육을 길러주는 것은 아니다. 오히려 의존도가 높아질수록 우리 브랜드의 시장 대응력은 취약해진다. 복잡해져만 가는 디지털 마케팅 세상에서, 일종의 '마케팅 방법론 연구팀'을 따로 두는 것은 경쟁력을 강화하는 충분한 일단계가 될 수 있다.

미디어 커머스는 속도전,
밀리면 죽는다

작은 스토리, 작은 시도로,
지체하지 말고 일단 시도해봐야 한다.
실리콘밸리의 애자일 혁명이 적극 도입돼야 한다.

"삼각김밥 닭갈비맛을 먼저 먹어보라고요? 네, 알겠습니다."

"청바지 입고 다리 찢기 한번 해주세요."

요즘 모바일 라이브 커머스의 채팅창에서 흔히 볼 수 있는 시청자의 요구다.

지난 수년간 다양한 커머스가 등장해 유통업계는 혼란스러웠다. 소비자가 최종 결제 버튼을 누르는 그 순간까지 웬만해서는 눈길을 머물게 하기 점점 더 어려워졌다. 최근에는 소셜 커머스, 1인 커머스, 미디어 커머스를 넘어서 보이고 들리는 라이브 커머스가 대세다. 곧 홈쇼핑의 규모를 넘어설 전망이다. 중국의 경우 2014년 4조 7,000억 원 규모이던 시장이 2019년 15조 원을 넘어섰다. 언택트와 모바일 라이프의 확산은 그 성장세를 가속화하고 있다. 어떤 각으로 어떻게 접근할 때 어떤 결과가 있는지 조직이 뛰어들어 실험해봐야 한다.

라이브 커머스 초창기에는 SNS을 통해 이름을 알린 인플루언서가 판매자로 뛰어드는 경우가 많았다. 지금은 인플루언서뿐만 아니라 모두가 참여하고 있다. 고가 전자제품을 취급하는 롯데 하이마트부터 삼각김밥을 파는 GS 25까지 다양하다. 제조품은 물론 호텔 숙박권과 영화 관람권, 패러글라이딩 이용권 등 각종 서비스 상품도 라이브 커머스로 판매된다.

중소제조업체, 인터넷 패션 소호몰, 전통시장도 라이브 커머스에 뛰어들고 있다. 기업이 아닌 정부와 지자체가 지역 농가와 소상공인을 위한 라이브 커머스 채널을 만드는 경우도 있다. '팔고자 하는 사람' 모두가 라이브 커머스에 달콤하게 빠져들고 있는 모양새다.

코로나19는 라이브 커머스의 황금시대를 더 앞당겼다. 이제 라이브 커머스는 물건을 파는 사람에겐 선택이 아닌 필수가 됐다. 네이버는 지난 7월 말 라이브 커머스 콘텐츠를 제공해오던 '셀렉티브'를 '쇼핑 라이브'로 개편하고, 중소상공인까지 온라인 판로를 확보할 수 있도록 했다. 실시간 라이브 방송 콘텐츠나 인기 영상을 소개하고, 인플루언서, 해외 직구 등 분야별 콘텐츠 메뉴까지 넣었다.

카카오도 쇼핑하기 안에 '라이브' 탭을 별도로 신설했다. 이용자들은 라이브 탭에서 방송 예정이거나 방송 중인 상품뿐만 아니라 라이브 방송 일정을 확인하고, 지난 라이브 방송을 시청할 수 있다.

한바탕 전쟁을 치른 후 옥석이 가려질 것이다. 채널별 특징이 다르고 변신도 빠르다. 소비자들의 모임과 흩어짐도 속도전이다. 눈을 떼지 말고 그 변화를 예의 주시하면서 우리 브랜드와의 적합성을 테스트해봐야 한다.

미디어 커머스 실험은 해외 시장 확보에도 결정적 역할을 할 수 있다. 멀티채널네트워크MCN는 해외 소비자들의 거대한 잠재 소비를 깨우는 모멘텀이 되고 있다. 중국은 2015년 160개에 불과하던 MCN 기구가 지난해 기준 1만 4,500개까지 늘었다(자료: KOTRA).

매출의 큰 부분을 기대하기보다 어떤 곳에 어떤 모습으로 실리는 것이 좋은지 다양한 각에서 실험해보면서 맞는 짝을 찾아가야 할 것이다. 유명하다고, 에이전시가 추천한다고 덥석 브랜드를 올릴 일이 아니다. 두어 번 이상 실패해야 짝을 찾게 된다. 작은 스토리, 작은 시도로, 그러나 시간은 지체하지 말고 일단 시도해봐야 한다. 실리콘밸리의 애자일 혁명이 적극 도입돼야 하는 대목이다.

첫째도 둘째도 데이터, 고객의 흔적을 수집하라

양질의 데이터만 있다면,
문제 해결의 큰 산은 넘어가고 있는 것이다.

마케팅의 가장 중요한 인프라는 창의성 넘치는 직원들이 아닌 데이터다. 시장이 점점 세분화되고 개인의 소비 패턴이 더욱 복잡한 단계를 거칠수록, 예측의 실마리는 실제 행동에서 찾을 수밖에 없다. 정보를 찾는 행동, 브랜드와 관계를 맺는 행동, 브랜드에 대해 말하는 행동, 채널을 택하는 행동, 구매하는 행동, 후기를 남기는 행동 등 모든 행동을 관찰해야 한다. 모든 접점에서 보여주는 고객들의 흔적이 그들의 다음 단계 행동을 예측할 실마리가 된다.

온라인과 오프라인이 통합된 데이터를 통해 고객의 전체 행동을 읽을 수 있고, 상품과 고객 정보의 결합을 통해 의미 있는 제안을 할 수 있게 됐다. 구글 애널리틱스와 같은 디지털 분석 툴의 도움으로 내가 쓴 500만 원어치 광고가 언제, 어디서, 어떤 행동을 유발했는지 비교적 투명하게 이해할 수 있게 됐다. 이제 더 이상 깜깜한 어둠 속에서 무조건 지르고 보는 마케팅은 할 필요도, 해서도 안 되는 시간이 됐다.

모든 리더가 데이터 사이언티스트가 될 필요는 없다. 데이터 수집 레거시를 이해하고 애널리틱스 툴에 익숙해질 필요도 없다. 하지만 데이터 수집과 활용의 중요성에 대해 조직에 분명하고 강한 메시지를 줌으로써 조직의 데이터 민감도를 극대화해 놓을 책임이 있다.

먼저 모든 의사 결정을 내리기 전, 관련한 고객 데이터가 있는지를 항상 질문해야 한다. 빅데이터든, 시장조사 등을 통해 수집된 스몰 데이터든, 수치적이든, 정성적이든, 의사 결정에 영향을 줄 수 있는지 데이터를 찾고 테이블에 올려놓게 만들어야 한다. 비록 아직 초라한 단계이고 적은 규모의 데이터라 할지라도, 가능한 한 최대한의 데이터를 활용하는 게 우리 조직이라는 인식을 심어줘야 한다. 조직은 어떤 데이터가 어떤 목적으로 수집되어야 하고, 그것들이 어떠할 때 활용되는지를 지속적으로 학습하게 될 것이다.

두 번째, 조직이 데이터에서 인사이트를 추출해낼 수 있도록 질문해야 한다. 데이터를 앞에 두고 온갖 가설을 세워보게도 하고, '왜 이런 행동을 했을까'에 대한 나름의 소설도 써보도록 해야 한다. 조직원들이 데이터와 함께 노는 것을 즐기고 중요하게 여기도록 훈련해야 하는 것이다. 데이터 전문가는 드물다. 기술적인 측면뿐 아니라 데이터 안에서 인사이트를 추출해 기업 활동과 연계시키는 전문가는 더욱더 희귀하다. 결국, 현재의 조직원들을 더 많은 시간 데이터와 놀게 하면서, 필요한 인사이트 추출 역량을 채워나가야 하는 것이다.

마지막으로 꾸준히, 지독히, 부지런히 데이터를 수집해야 한다. 주제별 빅데이터, 시장조사를 통해 얻는 스몰 데이터, 소셜 리스닝 등의 버즈 데이터, 접점에서의 행동을 보여주는 리테일 데이터 등 데이터는 넘친다. 어떠한 데이터를 어떠한 용도로 알고 싶은지 정확히 규명하고, 그 목적에 필요한 데이터 수집을 꾸준히 해나가야 한다.

양질의 데이터만 있다면 문제 해결의 큰 산은 넘어가고 있는 것이다. 분석적이고 인사이트 추출이 강한 마케팅 팀이 마케팅 최고경영자CMO의 위시리스트 최상단에 있는 이유가 바로 이것이다.

스토리텔러를
고용하라

시장이 원하는 것은 탁월한 성능이
스웨그 넘치는 스토리로 빛나는 순간이다.
그 순간에 '구매'라는 버튼이 눌러진다.

마켓컬리에 20여 명의 전문 에디터가 일한다는 것은 주목할
만한 일이다. 당근 농장을 찾아가 주홍빛 유기농 당근에 대한
기막힌 스토리를 발굴해내고, 당근으로 건강해질 수 있는 라
이프 스타일을 들려주는 것이 그들의 역할이다. 마켓컬리가 전
해주는 스토리는 너무 달콤하고 생생해, 마켓컬리의 충성고객
300만 명을 탄생시킨 원동력이 되고 있다.

최근 SK그룹 최태원 회장은 모든 계열사 CEO들에게 기업
의 성장 스토리를 가지고 올 것을 주문했다. 스토리를 통해 기
업 가치를 상승시키자고 주문한 것이다. 달성될지 안 될지 모를
숫자로 가득 메워진 전략이 아닌, 재미있고, 설득력 있고, 체계

적이고, 통찰력 있는 그런 포괄적 성장 전략에 대한 요청이라고 해석된다. 무엇보다 우리 기업만이 들려줄 독창성 있는 콘텐츠를 스토리로 담아보라는 요구라고 해석된다.

바야흐로 스토리의 시대다. 나만의 스토리, 내가 들려주는 스토리, 우리 제품만이 들려줄 수 있는 스토리가 필요하다. 세세하고, 솔직하고, 친근하고, 친절한 스토리. 시장이 원하는 것은 탁월한 성능이 스웨그 넘치는 스토리로 빛나는 순간이다. 그 순간에 '구매'라는 버튼이 눌러진다.

스토리텔러를 키워야 한다. 마케터들의 부캐로 스토리텔러가 선택되도록 응원해줘야 한다. 상품에 대해, 유통 채널에 대해, 브랜드와 회사, 그 안에서 일하는 사람들과 환경에 대해 모든 것은 스토리가 될 수 있고, 내가 팔고자 하는 제품과 서비스의 정체성을 강화해줄 수 있다.

지금 우리 브랜드가 시장에서 환영받고 있지 못하다면 더욱더 스토리를 쌓아놓아야 한다. 언젠가 우리 브랜드에 대해 사람들이 궁금해할 때, 덕질하고 싶어하는 그들의 욕구를 차곡차곡 쌓아놓은 스토리로 화답할 수 있어야 한다. 지속적이고 일관성 있게 나의 가치를 스토리로 만드는 일에 게으름을 피워선 안된다. 그것이 블로그에 올리는 짧은 글일지라도, 지금은 아무도 알아주지 않는 작은 브랜드에 관한 소소한 이야기더라도.

또한 꾸준히 스토리를 발굴해 전해놓는 일에 게으름을 피워선 안 된다. 어느 순간, 기대하지 못한 큰 박수로 우리 제품의 스토리를 찾는 사람들에게 보여줄 게 없어 다시 발길 돌리게 하지 말자. 스토리가 지금의 시장을 유혹할 가장 확실한 무기임을 잊지 말자.

개념 탑재한 브랜드만
살아남는다

그물을 던지면 안 된다.
하나하나 표적하여 낚싯대를 드리워야 한다.
소수의 열광이, 그들의 진정성 있는 환호성이
더 큰 물고기를 끌어들인다.

개념 있는 소비가 MZ세대의 핵심이다. MZ세대는 기성세대
가 둔감하던 문제에 목소리를 내고, 믿는 바를 행동으로 옮기
며 자신의 소비생활과 직결시킨다. 따라서 이들과 함께 어울리
기 위해서는 브랜드도 개념을 가져야 한다. 주제는 상관없다. 환
경에 관한 것일 수도 있고, 젠더 평등에 관한 것일 수도 있고, 건
강에 관한 것일 수도 있다. 일관성과 지속성을 갖추면 된다. 전
선을 좁혀 집중적인 메시지를 전달하고, 그 개념에 맞춰 제품과
서비스의 각을 정렬하면 된다.

화장품 제조사 '러쉬'는 무광고, 무포장, 천연재료라는 3대
원칙을 그들의 제품과 서비스에 일관적으로 적용하고 있다. 환

경과 인권에 대한 엄격한 수호자라는 개념을 지켜내며 특별한 광고 활동 없이도 브랜드를 훌륭하게 성장시키고 있는 것이다. 여성의 사회적 불평등과 싸우고 있는 '도브'는 "진정한 아름다움은 본연의 모습에서 시작된다"라는 브랜드 철학을 내세우며 뷰티의 새로운 개념을 전파하고 있다.

우리 브랜드에 대해 하고 싶은 말이 많을 수 있다. 북극곰도 구하고, 어려운 형편의 아이들도 돕고, 유기견 구조 사업도 활발히 펼치는 모습을 두루두루 알리고 싶은 마음도 있을 것이다. 그러나 시장은 브랜드의 핵심 개념을 알고 싶고, 듣고 싶어 한다.

전선을 줄여야 한다. 대중에게 낯선 브랜드, 규모가 작은 브랜드일수록 더욱더 분명해야 한다. 공감하는 사람이 너무 적으면 어쩌나 걱정할 필요 없다. 시장은 다양한 이데올로기를 받아들일 충분한 준비가 되어 있고, 그 가치에 충실한 모습이 매력적이라면 어디에선가 박수를 치며 나타날 우호적인 소비자는 넘쳐날 것이다.

그물을 던지면 안 된다. 내 것이 아니라 생각해 아무도 걸려들지 않을 것이다. 하나하나 표적하여 낚싯대를 드리워야 한다. 소수의 열광이, 그들의 진정성 있는 환호성이 더 큰 물고기를 끌어들인다. 브랜드의 개념을 믿고, 확고히 하고, 일관성 있게 꾸준히 시장에 던져야 한다.

부록

FMCG업계가 MZ세대와
대화하는 방법

배를 채우는 음식에서
마음을 채우는 음식으로

건강과 환경에 관심이 높은 MZ세대는 지속 가능성의 가치를 중요하게 생각한다. 먹거리는 그중 가장 기초적이고 기본적인 분야다.

MZ세대는 내 몸을 더 건강하게 하면서 동시에 환경을 생각하는 식문화에 열광한다. 미세 플라스틱에 오염된 생선, 플라스틱 빨대가 코에 꽂혀 고통받는 거북이, 빙하가 녹아 갈 곳을 잃은 북극곰, 미세먼지로 뒤덮인 하늘 등 이런 이미지는 MZ세대의 세계관을 만든 것들이다.

MZ세대는 오염된 환경이 자신의 생존을 위협한다고 강하게 느낀다. 동시에 기성세대의 식습관과 라이프 스타일을 답습하지 않으려는 움직임도 강하다. 새로운 대안을 만드는 스타트업이 주목받는 이유다.

미국 실리콘밸리에서는 임파서블푸즈, 비욘드미트 등 대체
육류 스타트업이 수년째 각광받고 있다. 푸드테크 투자 규모는
2018년 기준 전 세계 약 169억 달러다. 6년 사이 약 6배가 늘었
다. 식물성 단백질을 활용하는 수준이 아니라 가축을 기르지
않고, 물고기를 바다에서 잡지 않은 채 깨끗하고 안전한 시설에
서 배양된 대체식품에 기꺼이 돈을 지불한다.

Z세대는 '인공'에 대한 거부감이 없다. 음식이 더 깨끗하고
안전한 과정에서 만들어졌다는 정보만 있다면 오히려 이런 음
식을 더 선호한다. 삼시 세끼가 아닌 5~6차례에 걸쳐 간단한 음
식을 나눠 섭취하는 '스낵킹', 영양소를 채운 기능성 음료가 미
국과 유럽 등을 강타한 것이 그 근거다. 가공식품의 패키지에
그동안 영양성분과 맛에 대한 설명을 기록했다면, 이제 어떤 재
료를 어떻게 가공해 만들었고, 그 과정에서 탄소배출은 어느 정
도 했는지 기록한다. 어른들의 전유물이라고 생각한 건강기능
식품을 20대와 30대가 먹으면서 국내 건강기능식품 시장 규모
도 2015년 2조 원대에서 올해 5조 원을 내다보고 있다.

미국에서 인기를 끈 에너지바 'RX바'는 첨가물, 방부제, 유전
자변형식품을 일절 쓰지 않고 천연 식재료만을 고집했다. 포장
지에는 로고와 자잘한 문구는 다 빼고 '달걀 흰자 3개', '5개의
호두', '4개의 땅콩' 등 재료의 이름과 분량만 큼직하게 써넣었

다. 전통의 시리얼 기업 '켈로그'는 RX바를 약 6,798억 원에 인수하기도 했다. 켈로그는 이와 함께 12~17세 청소년들이 성분의 조합과 맛을 선택하도록 한 슈퍼푸드 시리얼 '카시'를 만들기도 했다. MZ세대의 입맛을 추측하는 대신 그들의 취향대로 제품을 기획하고 만들겠다는 의지다.

대량생산을 고집하던 오랜 역사의 식품 기업들이 바뀌고 있다. 미국 대형 식품 기업들은 이미 3~4년 전부터 변화를 꾀했다. 천편일률적인 대량생산 브랜드를 철수하고 푸드테크 스타트업을 인수하는 등 투자에 나섰다. 150년 전통의 미국 식품 기업 '캠벨수프'는 '밀키트 스타트업'을 인수했다. 또한 수프 스타트업인 '퍼시픽푸즈'를 2017년 7,936억 원에 사들였다. '마시는 차가운 수프' 콘셉트로 유기농 재료로만 수프를 만들고 뚜껑을 따서 바로 마실 수 있는 주스 형태의 포장이 MZ세대를 사로잡았다. 하인즈는 '식물성 마요네즈', '당도를 낮춘 케첩', '유기농 크림치즈', '방금 짜낸 착즙주스' 등으로 제품의 포트폴리오를 넓혔다. 미국 최대 육가공회사 '타이슨푸드'는 고기 없이 고기를 만드는 '비욘드미트'에 투자했다.

전통적 식품 강자들이 새로운 제품을 만들지 않고 작은 스타트업을 사들이는 이유는 하나다. "우리가 이렇게 혁신했어요"라고 말하기에 시기가 늦었고, MZ세대는 이미 강력한 소비자로 성장했기 때문이다.

밀레니얼 세대가 가장 사랑하는
명품 브랜드

　모든 것의 시작은 '구찌'였다. 2015년까지만 해도 망할 위기에 처했던 이탈리아 명품 구찌. 3년 뒤 구찌는 '밀레니얼 세대가 가장 사랑하는 브랜드'가 됐다. 구찌는 부활의 시기 '리버스 멘토링'을 했다. 일종의 그림자 위원회인 리버스 멘토링은 35세 이하 직원들이 아이디어를 쏟아내고 C레벨이 이를 경청하는 방식이었다. 모피를 사용하지 않고, 구찌와 함께하는 여행 앱을 만들고, 중성적인 디자인을 만들고, 기존의 로고와 형식을 파괴하는 '개념 있고 쿨하고 새로운 구찌 만들기'에 집중했다. GUCCI의 로고는 GUCCY, GUCCIFY 등으로 바뀌어 나왔다. 기존 명품회사가 감히 시도조차 못하던 그들의 유산을 과감히 비틀고 뒤집었다. 구찌의 밀레니얼 세대 구매 비중은 이전까지 27퍼센트에서 현재 60퍼센트를 넘는다.

구찌의 성공은 다른 브랜드들도 변화시켰다. 발렌시아가, 생로랑, 버버리, 루이비통 등이 구찌를 벤치마킹했다. MZ세대에게 명품은 더 이상 '돈 많은 어른들이 사는 귀한 것'이 아니다. 이들에게는 재테크의 수단으로, 또는 일상적인 패션 아이템으로 인식된다.

명품을 평생 소장하고 대를 물려준다는 건 구시대의 방식이다. 이들은 사고 파는 것에 적극적이어서 한정판을 온라인으로 산 뒤 되파는 '리셀 마켓' 등 중고거래를 활성화시켰다. 20대의 명품 구매 건수는 올 들어 3년 전에 비해 7.5배 늘었다. 플렉스 해시태그를 단 인스타그램 게시물은 수십만 건에 육박한다.

이들은 200 대 1의 경쟁률을 뚫고 한정판을 사서 용돈을 번다. 나이키는 전 세계에 818족만 만든 '나이키×피스마이너스원'의 신발 구매 추첨권을 배포했는데 홍대에서 8,888장의 응모권이 하루 만에 다 나갔다. 21만 9,000원짜리 운동화를 살 수 있는 자격을 얻기 위해 몇 시간 줄을 섰다. 20만 원짜리 한정판을 잘만 사면 나중에 수백만 원에 되팔 수 있다는 걸 아는 MZ세대는 명품의 소비자이자 판매자가 되고 있다.

MZ세대가 다이소와 명품, 양쪽이 다 열광하는 이유는 경제성 때문이다. 30만 원짜리 가방을 사서 쓰다 버릴 바에는 300만 원짜리를 사서 적당히 사용하다 제값을 받고 팔겠다는 것이다.

소비생활에서 리스크를 최소화할 수 있는 수단으로 명품에 열광한다.

MZ세대가 명품 시장의 '뜻밖의 손님'이 되면서 명품 회사들은 이제 MZ세대를 중심으로 움직인다. 에르메스는 창립 183년 만에 처음으로 8만 원대 립스틱을 출시하고 '스몰 럭셔리'의 흐름에 올라탔다.

구찌는 디즈니와 손잡는다. 게임 덕후들을 잡기 위해 게임회사와 협업하는가 하면 호텔이 아닌 밀레니얼 세대가 자주 찾는 곳에서 파티를 열기도 한다. 까르띠에는 지난해 성수동 문화공간 에스팩토리에서 '저스트 앵 끌루' 파티를 열었다. 버버리는 모바일 게임 '비 바운스'와 협업한 게임 '렛베리'를 내놓았다. 달을 향해 가며 버버리 로고를 수집해 포인트를 쌓는 게임으로, 한국, 중국, 일본을 비롯한 40개국에서 150만 회 이상 다운로드됐다.

명품 업계의 모델도 달라졌다. 할리우드 톱스타 위주의 모델 정책은 MZ세대가 좋아하는 SNS 스타나 음악, 미술 등 문화계 인사들로 바뀌고 있다. 이탈리아 명품 '펜디'는 MZ세대를 위한 'F is for Fendi'를 만들어 MZ세대 유명 아티스트와 협업한 콘텐츠를 선보이고 있다. 한국 아이돌 그룹과의 협업도 진행됐다. 팝 밴드의 무대 의상을 선보이거나 아이돌 그룹 멤버를 패션쇼 모델로 기용해 MZ세대의 관심 끌기에 나서고 있다.

단지 한정판이나 펀 마케팅만 하는 것은 아니다. 구찌는 지난

5월 "시즌리스 방식으로 신제품을 출시하겠다"라고 했다. 봄여름 시즌, 가을겨울 시즌 등으로 나뉘어 강박적으로 신제품 출시를 해온 세계 패션업계의 오래된 관행이 지속 가능한 패션과 거리가 멀기 때문이다. 한철 입고 버리는 쓰레기를 만들어내는 패스트패션과도 거리를 두고, 일 년에 두 차례 계절과 상관 없이 즐길 수 있는 패션을 선보이겠다는 전략을 내걸었다. 2017년 모피 등의 사용을 전면 중단하겠다는 발표에 이은 '깜짝 행보'다.

패션 브랜드 '리바이스'는 '엄마 청바지', '아빠 청바지'로 통하다가 2018년 갑자기 MZ세대에게 사랑받는 브랜드로 떠올랐다. 리바이스는 환경과 윤리적 가치를 강조한 브랜드 리뉴얼을 단행했다. 그중 하나로 환경보호를 위해 '워터리스 청바지'를 내놓았다. 청바지 한 벌을 만드는 데 물이 30~60리터 드는데 제작 공법을 개선해 물 사용량을 96퍼센트까지 줄인 것이다. 중고제품을 수거해 신인 디자이너들에게 리폼하게 한 뒤 이를 매장에서 다시 파는 등의 방식으로 MZ세대에게 다가갔다. 또한 2018년에는 세계 최초로 '성 중립 편집매장'인 뉴욕 플루이드프로젝트에 한정판 미니 청스커트를 내놓으며 남성을 모델로 썼다. 이 매장에서 판매되는 모든 제품은 남성과 여성 구분 없이 입을 수 있는 디자인이다. 2000년대 초반부터 약 20년간 소비자들을 잃었던 리바이스는 Z세대의 감성을 파악해 다시 살아난 케이스다.

100년 주류회사들이
바뀌고 있다

요즘 애들은 왜 술을 취할 때까지 안 마실까? 뭐가 잘못됐길래…

영국 일간지 《가디언》이 2018년 냈던 한 기사의 헤드라인이
다. 영국 밀레니얼 세대의 30퍼센트가 일부러 음주를 피하거나
무알코올을 마시고, 술자리에서도 취할 때까지 마시지 않는다
는 내용이었다. 미국도 비슷하다. 1인당 알코올 소비량은 20년간
반으로 줄었다.

100년 넘게 세계를 호령해온 주류회사들은 술을 줄이는 MZ
세대를 겨냥한 무알코올과 저알코올 음료에 공을 들이고 있다.
MZ세대는 술을 좋아하지 않지만 술자리 자체는 좋아한다. 한
잔을 마시더라도 더 맛있고 가치 있는 것을 선호한다.

미국에서는 알코올이 들어가지 않은 칵테일을 파는 모크테일 바Mocktail bar가 유행하면서 비알코올 음료 판매는 1년간 30퍼센트 이상 성장했다. 미국의 대형 맥주회사들은 2025년까지 글로벌 주류 포트폴리오의 최소 20퍼센트를 '무알코올 맥주'로 채우겠다고 발표하기도 했다.

건강한 음주문화를 선도하고 있는 제품은 미국에서 3~4년 전부터 유행하는 알코올 탄산음료 '하드셀처'다. 과일이 첨가된 알코올 탄산음료로 사탕수수에서 나온 설탕이나 맥아를 발효시켜 알코올을 만들고, 탄산과 과일추출물을 더한 것이다. 도수는 맥주와 비슷한 5퍼센트 정도지만 한 캔당 100칼로리로, 탄수화물 함량도 1~2그램 정도에 불과하다. 인공향을 넣지 않고 설탕을 첨가하지 않은 것도 MZ세대가 즐기게 된 배경이다. 영국에서도 칵테일을 만들 수 있는 무알코올 음료 '시드립'이 3년 전부터 품귀현상을 빚고 있다.

설탕으로 가득한 탄산음료와 탄수화물 덩어리인 맥주는 MZ세대의 취향과 거리가 멀다. 맥주회사 'AB인베브'는 지난해 미국 슈퍼볼 광고에서 맥주 마시는 모습을 넣지 않았다. 단지 폭포를 배경으로 한 여성이 맥주병을 두드리거나 굴려서 내는 소리에 집중해 광고를 찍었다.

논알코올 음료가 현재 전체 주류시장에서 차지하는 비중은 0.5~2퍼센트대다. 국제주류시장연구소IWSR는 맥주 시장이 몇 년째 정체되어 있는 것과 달리 2018년부터 2023년까지 논알코올 맥주 시장은 매해 8.8퍼센트씩 성장할 것이라고 전망한다.

'탈코 시대'에
코스메틱 회사가 사는 법

바르는 채식주의자가 늘고 있다. 지속 가능성을 고민하는 채식주의는 먹거리를 넘어 뷰티 업계에서도 하나의 큰 흐름이 되고 있다. 동물성 성분을 사용하지 않고, 성분 개발 과정에서 동물 실험을 하지 않는 비건 화장품은 '착한 화장품'으로 인지되며 MZ세대를 유혹한다.

영국 경제 주간지 《이코노미스트》는 2019년을 '채식의 해'로 선언했다. 사람들이 동물성 제품을 피하는 삶의 방식에 관심이 높다며 당시 "25~34세의 미국인 중 4분의 1이 채식주의자로, 특히 밀레니얼 세대 사이에서 급증하고 있다"라고 밝히기도 했다. 먹는 것뿐만이 아니다. 최근에는 바르는 것, 입는 것에서도 '비건'을 선언하는 이들이 많다. 동물 성분을 포함하거나 동물 실험을 하는 화장품은 사용하지 않고, 인조 모피와 인조 가죽 옷을 고집한다.

비건은 원래 채식에서 시작됐다. 전 세계 비건 인구는 약 5,400만 명이며 우리나라는 약 50만 명 정도로 추산된다. 동물성 재료가 포함된 음식은 먹지 않고, 채소와 과일만 먹는 것이다. 이 같은 트렌드는 라이프 스타일로도 빠르게 확산하고 있다. MZ세대는 '탈코스메틱'을 외치는 동시에 더 건강하고 가치 있는 화장품 브랜드 찾기에 나섰다. 미국 시장조사 업체 그랜드뷰 리서치에 따르면 세계 비건 화장품 시장은 2015년부터 현재까지 연평균 6.3퍼센트씩 성장하고 있다.

기존 화장품 속 동물 성분은 다양하다. 양털에서 추출한 기름인 라놀린, 동물성 지방에서 추출하는 글리세린·올레산, 상어 간유에서 추출해 립밤·보습제 등에 사용하는 스쿠알렌, 동물 위에서 추출해 탈취제·비누 등에 사용하는 스테아르산, 동물의 조직·뼈, 피부 등에서 추출하는 콜라겐 등이다. 꿀벌이 만든 벌집 밀랍에서 추출한 비즈 왁스도 동물 성분으로 분류된다. 비건 화장품은 비즈 왁스 대신 콩 왁스 등을 사용해 대체 성분을 만든다.

호주의 비건 메이크업 브랜드 '이니카', 윤리적 립스틱 전문 브랜드 '악시올로지', 마스카라에 사용되는 밀랍조차 동물성 원료나 부산물을 사용하지 않는 '비닷', 동물 털을 사용하지 않는 브러시 브랜드 '에코 툴스' 등이 글로벌 시장에 안착했다.

국내 기업들도 빠르게 움직이고 있다. 코스맥스는 2018년 10월 프랑스 인증기관인 이브 비건으로부터 아시아 최초로 화장품 생산설비에 대한 비건 인증을 획득했다. 코스메카코리아, 유씨엘, 그린코스, 솔레오코스메틱 등의 회사가 이 인증을 잇따라 받았다.

국내 최대 주문자생산방식OEM 화장품 회사인 한국콜마는 영국 비건 소사이어티로부터 세럼과 크림 품목의 비건 인증을 받았다. 아모레퍼시픽은 미국 비건 화장품 브랜드 밀크 메이크업에 지분투자를 했다. 패션기업 LF는 화장품 사업에 첫 진출하면서 비건 화장품 '아떼'를 띄웠고,

아떼는 이브 비건과 비건 소사이어티로부터 비건 인증을 받았다.

지금 팔리는 것들의 비밀

초판 1쇄 발행 2020년 10월 12일
초판 12쇄 발행 2024년 3월 25일

지은이 최명화 김보라

발행인 이봉주 **단행본사업본부장** 신동해 **편집장** 김경림
표지디자인 최우영 **본문디자인** 허선희
마케팅 최혜진 백미숙 **홍보** 반여진 허지호 정지연 송임선
제작 정석훈

브랜드 리더스북
주소 경기도 파주시 회동길 20
문의전화 031-956-7358(편집) 031-956-7129(마케팅)
홈페이지 www.wjbooks.co.kr
인스타그램 www.instagram.com/woongjin_readers
페이스북 www.facebook.com/woongjinreaders
블로그 blog.naver.com/wj_booking

발행처 ㈜웅진씽크빅
출판신고 1980년 3월 29일 제406-2007-000046호

ⓒ 최명화, 김보라, 2020
ISBN 978-89-01-24557-7 03320